beck'sche reihe

DAS JAHRTAUSEND

bsr

Die Serie „Das Jahrtausend“ der Frankfurter Allgemeinen Zeitung führt durch die Spiegelungen und Vorspiegelungen der Vergangenheit von zehn Jahrhunderten. Auf dieser Reise durch die Zeit folgt der Leser dem einzelnen Lebenslauf und der Kette der Ereignisse, er begegnet Kunst und Literatur, trifft auf Ängste und Hoffnungen vergangener Epochen und lernt den Alltag in Krieg und Frieden kennen. Wer zu erfahren wünscht, was jetzt ist, erhält die Antwort in dem, was einmal möglich war.

Michael Jeismann, geb. 1958, promovierte im Fach Geschichte an der Universität Bielefeld bei Reinhart Koselleck und ist seit 1993 Redakteur der Frankfurter Allgemeinen Zeitung. Zu seinen Veröffentlichungen zählen u.a.: Das Vaterland der Feinde. Studien zum nationalen Selbstverständnis und Feindbild in Deutschland und Frankreich 1792–1918, Stuttgart 1992, sowie der Sammelband Mahnmal Mitte. Eine Kontroverse, Köln 1999.

Das 16. Jahrhundert

Freiheit und Glauben

Herausgegeben von
Michael Jeismann

Verlag C.H.Beck

Mit 8 Abbildungen im Text

Die Deutsche Bibliothek – CIP-Einheitsaufnahme

Das 16. Jahrhundert : Freiheit und Glauben / hrsg. von Michael Jeismann. – Orig.-Ausg. – München : Beck, 2000
(Beck'sche Reihe ; 4116 : Das Jahrtausend)
ISBN 3 406 45616 2

Originalausgabe
ISBN 3 406 45616 2

Umschlagentwurf: +malsy, Bremen
Umschlagabbildung: Peter Bruegel d. Ä., Bauerntanz, um 1568,
Wien, Kunsthistorisches Museum (Foto: AKG Berlin, Erich Lessing)

Satz: Kösel, Kempten
Druck und Bindung: C.H. Beck'sche Buchdruckerei, Nördlingen
Gedruckt auf säurefreiem, alterungsbeständigem Papier
(hergestellt aus chlorfrei gebleichtem Zellstoff)
Printed in Germany

Inhalt

Kleine Chronik

1502: Christoph Kolumbus' letzte Fahrt, er gelangt an die Küste Südamerikas · *1507:* Zu Ehren des Florentiners Amerigo Vespucci wird der neue Kontinent „Amerika" genannt · *1509:* Portugiesen erringen die Herrschaft im Indischen Ozean · *1511:* Spanier besetzen Kuba · *1517:* Luther veröffentlicht seine 95 Thesen · *1521:* Wormser Edikt, Luther in Reichsacht · *1524:* Deutscher Bauernkrieg · *1529:* Belagerung von Wien durch die Türken scheitert · *1530:* Augsburger Konfession der evangelischen Reichsstände · *1534:* „Gargantua, Vater von Pantagruel" von François Rabelais; Ignatius von Loyola gründet Jesuitenorden; „Suprematsakte" in England – Beginn der anglikanischen Staatskirche · *1539:* Im Straßburger Münster wird das erste Mal ein Weihnachtsbaum aufgestellt · *1543:* „Über die Bewegung der Himmelskörper" von Nikolaus Kopernikus, postum erschienen · *1545:* Konzil von Trient: Beginn der Gegenreformation · *1546:* Martin Luther gestorben · *1555:* Augsburger Religionsfrieden: Cuius regio, eius religio · *1558:* Tabak aus Amerika· *1562:* Beginn der Hugenottenkriege · *1564:* Erster päpstlicher Index verbotener Bücher · *1568:* Erste Sklavenexpedition von Westafrika nach Westindien · *1572:* Bartholomäusnacht in Paris: Massaker an Hugenotten · *1576:* Jean Bodin, Six livres de la République · *1581:* Unabhängigkeitserklärung der Niederlande · *1584:* Sir Walter Raleigh gründet Virginia, erste englische Kolonie · *1587:* Rialto-Bank in Venedig, erste öffentliche Bank · *1595:* Expedition der Niederländer ins heutige Indonesien · *1597:* Poor Law in England, Armenfürsorge durch Gemeinden

Peter Blickle

Die leibhaftige Freiheit

Als Glaube Herrschaft,
Ordnung sich nicht mehr von selbst verstanden:
Ringen um die Legitimität der Neuzeit

Hinter Kempten im Allgäu liegt ein Einödhof, Dottenried, ein stattliches Anwesen zu der Zeit, als es Hans Lueprecht bewirtschaftete. 1495 war er als junger Mann auf den Hof gezogen, er hatte ihm, seiner ersten und zweiten Frau und 14 Kindern ein Auskommen gesichert. Der Hof gehörte dem Fürststift Kempten, war also ein Lehen des nahegelegenen Klosters. Lueprecht war für die Verhältnisse der Zeit ein wohlhabender Bauer. Solange Lueprecht zurückdenken konnte, gab es Ärger mit dem Fürstabt des Klosters.

Schon 1492 hatten die klösterlichen Untertanen von ihm verlangt, sie bei ihrer „Freiheit" zu lassen und sie nicht zu zwingen, sich an das Kloster als „Eigenleute" zu verschreiben. Genützt hatte das nichts. Folglich mußte man den Abt vor Gericht bringen. Beweismaterial für die Rechtmäßigkeit eines solchen Verfahrens mußte gesammelt werden. Im Januar 1525 waren die Vorbereitungen abgeschlossen – der Stadtschreiber der nahen Reichsstadt Kaufbeuren war bereit, die Klagen zu Protokoll zu nehmen. Hans Lueprecht diktierte ihm in die Feder, der Abt habe ihn gefangennehmen lassen und ihm eine urkundliche Verschreibung abgepreßt, sich der Herrschaft des Klosters nicht zu entziehen. Ein zweites Mal sei er gefangengesetzt worden, bis seine zweite Frau sich mit fünf Kindern „zu eigen mit Leib und Gut" dem Kloster überschrieben habe. Neun Kindern, die sich dieser Rechtsbeugung entzogen, sei das elterliche Erbe durch das Kloster entzogen worden. Die „Freiheit“ wurde den Lueprechts genommen und der Lohn einer lebenslangen „Arbeit“ auch. 335 Einträge verzeichnet das vom Kaufbeurer Stadtschreiber gefertigte Protokollbuch, rund 1200 Bäuerinnen und Bauern sind darin verzeichnet, die um ihre Freiheit oder ihre Erbschaft gebracht wurden. Zwei Monate später tobte im Allgäu der Bauernkrieg und der Abt mitsamt seinem adeligen Konvent floh vor den wütenden Untertanen.

Wir wollen frei sein

Das Mittelalter schließt und die Neuzeit beginnt mit einer Welle von Unruhen, Rebellionen und Revolten in Europa, deren Besonderheit ihre nationale Dimension und ihr kriegerischer Austrag sind – 1514 in Ungarn, 1520 in Spanien und 1525 in Deutschland. Der spanische Comuneros-Aufstand der großen Städte Kastiliens von 1520 stellte das Regiment des jungen Karl I. in Frage, kaum ein Jahr nachdem er als Kaiser Karl V. die Regierung für das Heilige Römische Reich deutscher Nation übernommen hatte. In Toledo, Segovia, Salamanca, Valladolid und Madrid wurden pfarrei- und quartierweise aus Versammlungen heraus Deputierte gewählt, welche die politische Führung übernahmen, die königlichen Beamten warf man aus der Stadt. Nach außen gab man sich konföderiert und nannte sich trotzig „Cortes“. Das war eine Wortwahl mit usurpatorischem Charakter, denn die Cortes, nominell bestehend aus Adel, Bischöfen und Städten, berief der König, sonst niemand. In einem förmlichen Akt wurde am 25. September 1520 eine geschriebene Verfassung verabschiedet. Ihr entsprechend führte ein Bundestag die laufenden Geschäfte, untergliedert in ministerienähnliche Kommissionen für Krieg, Verwaltung, Rechtspflege und Finanzen. In ultimativen Artikelbriefen wurde der König aufgefordert, periodisch die Cortes einzuberufen, die Staatsfinanzen ohne Steuern und Ämterkauf zu konsolidieren und bei der Vergabe von Ämtern die Einheimischen und Ortsansässigen zu berücksichtigen. Als Legitimation für diese praktischen Maßnahmen und die dahinter steckenden politiktheoretischen Konzepte dienten in stramm republikanischer Manier „die Freiheit" und das Gemeinwohl, die „utilidad de la República". Im Erfolgsfalle wäre aus Spanien eine konstitutionelle Monarchie geworden, die an Modernität den englischen Parlamentarismus zügig überholt hätte. Indessen wurde die Revolte am 23. April 1521 durch ein gut bewaffnetes Adelsheer von mehr als 8000 Mann niedergeworfen. Im benachbarten Katalonien rebellierten die unfreien Bauern schon das ganze 15. Jahrhundert – mehrere feste Plätze, selbst Städte waren von ihnen erobert worden. 1486 endlich wurde ihnen dank eines königlichen Dekrets der Freikauf ermöglicht. Seit 1486 verfügten die Bauern über gewählte Syndici, die als gewissermaßen nationale Behörde die Ablösungsgeschäfte abwickelten und den erworbenen Freiheitsstatus notariell befestigten.

Die spanischen Juristen, namentlich der herausragendste unter ihnen, Tomàs Mieres, hatten in ihren rechtstheoretischen Traktaten daran festgehalten, das Naturrecht verbiete Unfreiheit und kein König und kein Parlament könnten sie dulden, weil sie der göttlichen Ordnung widersprächen. Die katalanischen Bauern ihrerseits kleideten ihren Freiheitsanspruch in das theologische Argument, Christi Kreuzestod habe die Menschen aus der Unfreiheit gelöst und der gefallenen Menschheit ihre originäre Freiheit zurückgegeben. Unfreiheit sei durch menschliche Rechtsetzung in die Welt gekommen und damit gegenüber der göttlichen Ordnung ohne Dignität.

„Die Freiheit", in der Antike als großes Thema des Bürgerrechts nicht minder leidenschaftlich verhandelt wie als

Zu den beliebten Motiven der Renaissance gehört der in der Landschaft ruhende Akt einer gelöst schlafenden Frau. Der Nürnberger Maler Barthel Beham (1502–1540) hat das Thema in seinem Kupferstich „Der Welt Lauf" dramatisch umgearbeitet, worauf die Bildmethaphern hinweisen. Der Schlaf wird zum Alptraum.

Menschenrecht heute zur Legitimation von Kriegen, hat in der europäischen Geschichte, sieht man von der Aufklärung und der Französischen Revolution ab, nie eine kräftigere Spur gezogen als im 16. Jahrhundert. Ihre prinzipielle Zuspitzung erfuhr sie durch die Politisierung des Glaubens, mit der schon die spanischen Bauern ihre Freiheit gefordert hatten. Wie ein fernes Echo liest sich die Petition aufständischer Bauern in England 1549: „Wir wollen, daß alle unfreien Menschen frei gemacht werden, weil Gott alle frei gemacht hat durch sein kostbares Blutvergießen."

Auch von seiten der deutschen Rechtsgelehrten, gewiß keine Revolutionäre, weder heute noch damals, kamen die Formen der Unfreiheit unter Beschuß. Naturrechtlich wie Mieres in Spanien argumentierte auch Ulrich Tengler in Deutschland. Leibeigene (*aigen Leut*), so stellte er in seinen Traktaten 1511 fest, seien solche, die „wider das natürliche Recht fremder Obrigkeit oder Herrschung unterworfen" wurden. Zwar werde der Umstand, daß Menschen ihrer libertas naturalis beraubt seien, mit „Landesgewohnheiten" begründet, doch von ihnen müsse man sagen, daß sie „viel eher für Unrecht und ungöttliche Mißbräuch als rechtliche Gewohnheiten geachten werden sollten". Freiheit, in einer theologischen und moralischen Radikalisierung, machte schließlich der Gemeine Mann 1525 im Reich zum Programm des Bauernkriegs. In den Zwölf Artikeln der oberschwäbischen Bauern, der mit geschätzten 30000 verkauften Exemplaren nach Verbreitung bedeutendsten Beschwerdeschrift des Bauernkriegs, die auch als revolutionäres Manifest gelten kann, steht, „daß wir frei seien und wöllen sein". Daß man sie, die Bauern, „für Eigenleut gehalten", sei „zum Erbarmen, angesehen das uns Christus all mit seinem kostbarlichen Blutvergießen erlöst und erkauft hat". Aus dem Evangelium ziehen die Bauern die dreifache Begründung der Freiheit mit dem Erlösertod Christi, der christlichen Nächstenliebe und der von Gott in die Welt gelegten Rechtsordnung des Naturrechts. Gläubige, die an der verpflichtenden Kraft des Wortes Gottes in der Welt nicht zweifeln konnten und wollten, erschlossen sich so hermeneutisch das Evangelium. Die Reformation läßt sich nicht wegdenken bei dieser Forderung, sie erst hatte wenige Jahre zuvor „das Evangelium", „das reine Evangelium", „das Evangelium ohne menschlichen Zusatz" unter dem Schutt von Moralpredigt und Kirchenrecht hervorgeholt.

Umstandslos verknüpfte die hohe Politik in Europa die Freiheit der Bauern mit der Theologie Martin Luthers. Kaiser Karl V. ließ aus seiner Residenz in Toledo König Heinrich VIII. von England mitteilen, der übelbeleumdeten lutherischen Sekte, der „mauldicte secte Lutherienne", ginge es nur um die Freiheit im trivialsten Sinne der Abwerfung jeder Obrigkeit. Der Erzbischof von Mainz, nach Rang und Ansehen der erste unter den Kurfürsten, habe mit den aufständischen Bauern einen Vertrag schließen, ihnen seine Festungen und Städte übergeben und der Ausbreitung der evangelischen Predigt tatenlos zusehen müssen. 100 000 Menschen habe dieses verkehrte Freiheitspathos schon das Leben gekostet, unzählige Kirchen, Klöster, Burgen und Dörfer seien zerstört worden.

Von der Freiheit eines Christen – die Reformation

Martin Luther verdankt seinen Erfolg seiner Strahlkraft als Charismatiker. Die Begegnung mit ihm wurde für Hunderte von Mönchen, Priestern, Stadträten, Rittern, Professoren und Studenten zum Schlüsselereignis ihres Lebens. Abgesondert von der Welt in den Immunitäten des Klosters und der Universität, umgeben von Jüngern, frech gegenüber allen Autoritäten, volksnah in Gebärde und Sprache, war der Siegeszug seiner Lehre im Reich und in Europa beispiellos – ein Medienstar, der sich virtuos der brandneuen Drucktechnik bediente, des Buches, der Flugschrift und des Flugblatts.

Der junge Martin Luther war nicht froh geworden in seinem klösterlichen Gehäuse in Erfurt. Trotz strenger Beobachtung der mönchischen Gelübde und obschon er sich der Heilsmittel der Kirche in Form der Sakramente fleißig bediente, fühlte er sich nie gerechtfertigt vor Gott, nie frei und nie im Stand der heiligmachenden Gnade, die Reue, Buße und Abendmahl vermitteln sollten. Die herkömmliche Rechtfertigungslehre, wonach Gott seine Gnade dem zuwendet, der sich willentlich Gott zuwendet und damit die durch die göttliche Schöpfung ihm gegebenen Möglichkeiten ausschöpft („Si homo facit, quod in se est, Deus dat gratiam"), wirkte nicht in Luther, im Gegenteil quälte er sich mit der Erfahrung, daß der Mensch aus sich heraus, aus seiner durch die Erbsünde verkrümmten Natur, nichts als Sünden hervorbringe. Der Mensch ist und bleibt Sünder, „peccator". Wie bekomme ich einen gnädigen Gott? Wie werde ich gerechtfertigt?

Die Antwort fand er nach Jahren einer intellektuellen Auseinandersetzung mit den biblischen Schriften bei Paulus. Gerechtfertigt, „iustus", wird der Mensch allein durch die Gnade Gottes. Das ist dessen Gerechtigkeit, nicht die Zumessung der an sich immer berechtigten Strafe an den Sünder. Die Gnade ist ein Geschenk, aber voraussetzungslos ist sie nicht zu haben. Sie verlangt vom Menschen die willentliche Demütigung, die Einsicht in seine verkommene Natur, in die „natura corrupta", die Angst seines Gewissens, die Zustimmung zu seiner Verdammnis. Jetzt ist er gerechtfertigt. Die Erfahrung der Sündhaftigkeit und die Erfahrung des Gerechtfertigtseins sind miteinander versöhnt. Der Mensch ist gleichermaßen ein Gerechter und ein Sünder, „simul iustus et peccator". Mit dieser Formel hat Luther ein anthropologisches Grundproblem, die individuelle Selbsterfahrung, böse zu sein, auf eine mögliche Weise theologisch und theoretisch genial gelöst. Luthers „Rechtfertigungslehre" war gegenüber der durch die Theologie und Tradition von Jahrhunderten komplex gewordenen Lehrtradition der römischen Kirche mit ihren manieristischen Zügen geradezu schlicht und einfach. Die Gnade Gottes und der Glaube des Menschen stiften das Heil. Den Weg zum Glauben weisen die Heilige Schrift, das Testament, das Wort Gottes, der „logos". Buchreligion, Kopfreligion. Für die katholische Kirche hatte diese Theologie theoretisch und praktisch verheerende Folgen, die zwei Säulen, auf denen sie gründete, wurden eingerissen: Jetzt waren die Sakramente und alle religiöse Magie und die guten Werke und alle barmherzige Zuwendung zum Nächsten nicht mehr heilsnotwendig. Damit war auch ein eigener Stand, jener der geweihten Priester, der sie bislang allein verwalten konnte, obsolet geworden. Jetzt bedurfte es auch keiner verbindlichen Auslegung der Heiligen Schrift durch den Papst und die Konzilien mehr, keiner strengen Führung durch ein kirchliches Recht. Der durch den Glauben begnadete Mensch konnte die Schrift nicht falsch verstehen, sie erschloß ihre Wahrheit aus sich selbst.

Das ist „Freiheit", unzeremoniell in den Mantel der protestantischen Theologie gekleidet. Nur der Glaube schafft sie, folglich gibt es nur eine christliche Freiheit. Aus dem Glauben „sollen wir mutig und frei werden, und den Geist der Freiheit (wie ihn Paulus nennt) nit lassen mit erdichteten Worten der Päpst abschrecken". Frei ist also, wer sich über päpstliche Tyrannei hinwegsetzt und auf die Arroganz der römischen Juristen pfeift.

Wer nicht gerechtfertigt ist, bringt es zu nichts, jedenfalls nicht mit seinem eigenen Willen. „Der freie Wille nach dem Fall Adams oder nach getaner Sünde ist ein eitler Name, und wenn er tut das Seine, so sündigt er tödlich." Das war zum Entsetzen der Humanisten gesagt, die ihren Stolz und ihren Optimismus gerade daraus zogen, die „virtù“, also Willen und Kraft, gegen die kontemplative Demut der Christen wieder entdeckt zu haben und mit ihr die Launen des Zufalls und Schicksals, die „fortuna“, besiegen zu können. Nochmals wurde ein tausend Jahre altes Thema in der Christenheit theoretisch durchgearbeitet, nochmals konnte es gläubige Christen entzweien. Erasmus von Rotterdam, die Kultfigur der europäischen Intellektuellen, kehrte nach einem, wie zu erwarten ergebnislosen öffentlichen Austausch der Argumente der Reformation den Rücken.

Von Luthers Freiheitsbegriff ließ sich aber auch zu dem naturrechtlichen der Bauern keine Brücke schlagen. „Es soll kein Leibeigener sein, weil uns Christus hat alle befreiet. Was ist das“, fragte er öffentlich seine Landsleute, die Bauern in Deutschland, und war mit einer frostigen Antwort zur Stelle. „Das heißt christliche Freiheit ganz fleischlich machen.“ Ja es ist gar räuberisch, wenn einer „seinen Leib, der eigen worden ist“, seinem Herrn nimmt. Die Art und Weise, wie er eigen werden konnte, hat ihn nicht interessiert. Das naturrechtliche Argument von Tengler auch nicht.

Was kann der Mensch für sein Heil tun? Nichts. Aber es gibt eine Weise, Gottes Willen zu erfüllen – die Arbeit. Luther hatte die alte europäische Ständelehre mit ihrer funktionalen Dreiteilung in „Priester“, „Adel“ und „Bauern und Handwerker“ moduliert und aus dem dritten Stand den „Hausstand“ gemacht. Ein Haus gut zu regieren und die dafür erforderliche Arbeit ordentlich zu tun ist jetzt die Pflicht aller, auch die des Lehrstandes und des Regierstandes, wie der alte Priesterstand und der Adelsstand jetzt hießen. Jean Calvin in Genf hat diese Auffassung radikalisiert. Gott verlangt vom Menschen, daß er seinen Willen erfüllt. Gefordert war die soziale Leistung als Erfüllung der Gebote Gottes, und sie materialisiert sich, so hat Max Weber die Ethik des Calvinismus interpretiert, „in erster Linie in Erfüllung der durch die lex naturae gegebenen Berufsaufgaben". Die Kontrolle des alltäglichen Lebens wurde auf dieses Ziel hin ausgerichtet, sie wurde gewissermaßen zur „Methode" hinaufgeschraubt. „Wache, rational beherrschte Lebensführung und Vermeidung aller Hingabe an die Schönheit der Welt oder die Kunst oder an die eigenen Stimmungen und Gefühle sind die Anforderungen, Disziplinierung und Methodik der Lebensführung das eindeutige Ziel." „Die Macht der religiösen Askese" stellte auch, fügte Max Weber hinzu und entzog damit spielerisch Karl Marx seine Argumente, „nüchterne, gewissenhafte, ungemein arbeitsfähige und an der Arbeit als gottgewolltem Lebenszweck klebende Arbeiter zur Verfügung". Nicht Produktionsverhältnisse und ausbeuterische Kapitalisten schaffen Mentalitäten, der Glaube und die Pfarrer tun es. „Freiheit" und „Arbeit" schufen zwei diskursive Kreise, die sich überschnitten. Aus ihrer Konvergenz erwuchs ein Anspruch auf politisch angemessene Formen der Repräsentation. Die Könige und Fürsten sahen sich mit Ansprüchen der Bürger und Bauern konfrontiert oder glaubten, ihnen zuvorkommen zu sollen – das 16. Jahrhundert begann, den Parlamentarismus auf seine Leistungsfähigkeit hin zu erproben.

Die Staatskunst, aus Beschwerden zu lernen

Die Wirtschaft Europas erlebte im 15. und 16. Jahrhundert einen einmaligen Aufschwung, doch der gewonnene Reichtum floß nicht umstandslos in die Rentkammern der Könige und Fürsten und schon gar nicht in die kleinen Koffer des Adels. Reich waren zuerst die Bürger, reich wurden wegen des steilen Aufstiegs der Städte und damit der Nachfrage nach landwirtschaftlichen Produkten die Bauern. Auf der

Arbeit lastete nicht mehr nur die Mühsal als Fluch der gefallenen Menschheit, sondern der Gewinn als Segen des Fleißes. Arbeit machte jetzt stolz, beflissen erklärten sie die Reformation zum Gottesdienst.

Um die angemessene Verteilung des Gewinns drehten sich folglich auch die großen Rebellionen und Revolten. Gestritten wurde mit dem Adel und den Prälaten als Grundeigentümer um die angemessene Verteilung des Arbeitsertrags und mit den Königen und Fürsten um angemessene Kriterien für die Steuern.

Solange die Betriebsmittel für Macht und Herrschaft in adeligen Kriegern bestanden, genügte es für Könige und Fürsten, sich mit diesen über den Umfang der gewünschten Leistungen zu verständigen, auf Hoftagen in der „curia regis". So machte man Politik im Mittelalter, wenn das Wort dafür überhaupt taugt. Traten andere Geschäfte in den Vordergrund, beispielsweise die komplizierter werdende Wirtschaft administrativ zu unterstützen, dann brauchte man Geld für neue Verwaltungen, und man brauchte auch die Zustimmung der aufsteigenden Schichten der Bürger und Bauern, nicht nur die der absteigenden, des Adels und der Geistlichkeit.

Von Rechtsbrüchen gigantischen Ausmaßes begleitet, die nur noch von der Französischen Revolution und der von Napoleon exekutierten Säkularisation des Besitzes der römischen Kirche übertroffen wurden, erfolgte die Adaption der reformatorischen Bekenntnisse zu Staatsreligionen. Üppig mit zusätzlicher Macht ausgestattet, den Rechten der Bischöfe und dem Vermögen der Kirche, marschierten die protestantischen Könige und Fürsten in die Moderne. Dafür war ein breiter Konsens dringend nötig, folglich erlebten alle Länder, in denen die Reformation Platz griff, einen steilen politischen Aufstieg ihrer Ständeversammlungen. Als sich König Heinrich VIII. 1534 durch das Parlament in Westminster als oberstes Haupt der Kirche von England bestätigen ließ, wurde die Formel vom „king-in-parliament" geboren. Die Juristen hatten ihm beigebracht, souverän in Gesetzesfragen sei er nur und ausschließlich als integrierter Teil des Parlaments, der beiden Häuser der „lords" und der „commons". Die Commons, der „Gemeine Mann", waren in Wahrheit diejenigen, die über Eigentum und persönliche Freiheit verfügten und als solche das aktive Wahlrecht besaßen. Die Arbeit dringt in die politische Repräsentation ein. So auch in Schweden, das nicht anders als England die Reformation als Staatsreligion über eine Reihe von Reichstagsbeschlüssen des 16. Jahrhunderts eingeführt hat. In Frankreich wurden 1484 die Amtleute von der königlichen Kanzlei aufgefordert, in ihren Amtsbezirken Wahlversammlungen für die Bestellung von Repräsentanten für die Versammlung der Generalstände Frankreichs zu benennen, und das geschah nachweislich auch in Städten und Dörfern dort, wo öffentliche Versammlungen „par cri publique" üblich waren.

Wie der englische König auf den Rat der Commons Wert legte, so der französische auf den seiner Untertanen. Nachdrücklich wurden sie aufgefordert, „zum Nutzen des Königs und des Reiches" ihre „Beschwerden" mitzubringen. Selbst ein Theoretiker der Königssouveränität reinsten Wassers wie Jean Bodin war der nämlichen Auffassung. „Gerade bei der Versammlung der Generalstände aller Untertanen ist es, daß man über den Staat als Ganzes und seine Glieder angehende Angelegenheiten spricht." Viel könne man aus der Geschichte der Stadt Gent lernen, meinte Bodin, die sich von der Herrschaft der Grafen von Flandern in einem Rebellionsakt gelöst hatte. Daraus sei der Schluß zu ziehen, Widerstand dürfe der Staat nicht ausgrenzen, vielmehr müßten Konflikte produktiv gemacht werden. Produktiv seien sie dann, wenn sie als „Beschwerden" durch Gemeinden über die Ständeversammlung an den König übermittelt würden, während sie anderenfalls als heimlich angezettelte Verschwörungen ihre Wirkungen unkalkulierbar entlüden.

Die Reformation hätte in Deutschland ihre Fortschritte nicht gemacht und ihre letztliche politische Einfriedung durch die Städte und Fürsten nicht erfahren, wenn nicht die Reichstage von Speyer (1526, 1530) und Augsburg (1530, 1555) dem imperialen Katholizismus Kaiser Karls V. widersprochen hätten. Das taten sie aus unterschiedlichen Interessen, die Städte, namentlich die großen wie Nürnberg und Straßburg, um den Druck ihrer Gemeinden zur Einführung der Reformation abzuleiten, der auf den Räten lastete. Zwar waren die weltlichen und geistlichen Fürsten im Reich stärker als in den westeuropäischen Monarchien, von Skandinavien zu schweigen, dennoch war aufgrund der Praxis der politischen Willensbildung der Einfluß des Bürgertums nicht bedeutungslos. Von der „parlamentarischen Arbeitsweise der deutschen Reichstage" hat Gerhard Oestreich, einer der großen deutschen Historiker des 20. Jahrhunderts, gesprochen und damit zum Ausdruck bringen wollen, daß die Reichstage in der ersten Hälfte des 16. Jahrhunderts nahezu Periodizität erlangten und in den interkurialen Ausschüssen, in denen die bürgerlichen Räte der Fürsten und die Ratsherren der Städte das Sagen hatten, wichtige Entscheidungen vorbereitet wurden.

Der Parlamentarismus ließ sich dennoch dauerhaft nicht durchsetzten, jedenfalls noch nicht im 16. Jahrhundert. Er diente dazu, die Irritationen, die mit den nationalen Revolten und der Reformation die politische Ordnung erschüttert und die gesellschaftliche in Frage gestellt hatten, zu beheben, die Wellen der Erregungen zu glätten, die Leidenschaften ruhigzustellen. Doch nicht nur die Reformation hatte dem Parlamentarismus aufgeholfen. Über die Rebellionen wuchs die Anforderung an die Politik, normative Klarheit und rechtliche Ordnung zu schaffen, und zwar unter Beteiligung derjenigen, die als freie Bürger vernünftige Rahmenbedingungen für ihre Arbeit wollten. Das geschah auch mittels großer Rechtskodifikationen, die teils von den Ständen initiiert, teils von den Königen und Fürsten erlassen wurden. Die Politik kehrte in die europäische Geschichte zurück, für die das Mittelalter mit seinem sachlich engen Lehnsrecht keine rechte Verwendung hatte. Die Deutschen nannten das „gute Policeyen", „bonne police" die Franzosen.

Polizei und Gemeinwohl – die Versachlichung der Herrschaft in Europa

In den europäischen Städten hat man da und dort schon im 15. Jahrhundert mit der „guten Polizei" begrifflich gearbeitet, wenn man Statuten, Mandate und Gesetze erließ. Sie alle hatten nur einen Zweck, sie sollten dem „Gemeinen Nutzen" dienen. Immer ging es um eine Normierung von Wirtschaft und Gesellschaft nach utilitaristischen Erwägungen – Versorgung der Bürger mit Lebensmitteln, Sicherung des Einkommens der Handwerker, Brandschutzmaßnahmen, Vereinheitlichung der Münzen und Versorgung der Armen. Den Italienern, die das feudale Mittelalter durch ein geschlossenes System von Stadtstaaten ersetzt hatten, war das eine besonders geläufige Rhetorik, die sich mühelos mit der politischen Philosophie der Renaissance harmonisieren ließ. Aristoteles konnte dann als Pate dienen, als Zweck des Staates kam wieder das „bonum commune" zum Vorschein. Das 16. Jahrhundert ist die große Zeit der Aristoteles-Rezeption in Europa auf nationaler und territorialer Ebene. In Paris, Lyon und Venedig, gefolgt von Basel, Köln und Leipzig erschienen die großen Aristoteles-Editionen. Das ist als Reaktion auf die Revolten und die Reformation gedeutet worden.

In Deutschland hat sich die Polizei in den Territorien der

Fürsten entfaltet, nachdem das Reich mit den beeindruckenden großen Reichspolizeiordnungen von 1530, 1548 und 1577 das Thema vorgegeben hatte, es aber anders als die französische Monarchie nicht in seiner Hand halten konnte. Die Implementierung der „bonne police“ geschieht durch königliche Ordonnanzen, von denen allein die von Blois von 1579 mehrere hundert Artikel umfaßt. In Deutschland profitierte die Polizei von der Zuweisung des Luthertums an die Obrigkeit, ein guter Hausvater für die Untertanen zu sein. Mit dem metaphorischen Gebrauch des Hausvaters für den Fürsten und König gerieten freilich die Untertanen in die Rolle von unmündigen Kindern. Daraus ergab sich eine merkwürdige Verfremdung der bonum commune-Kategorie. Das Gemeinwohl wurde bejaht, aber was es beinhalten sollte, bestimmten, anders als in der aristotelischen Politiktheorie vorgesehen, nicht diskursiv die Bürger, sondern es blieb einer für alles zuständigen Obrigkeit, dem Fürsten, vorbehalten, mit der Folge, daß „jetzt der Untertan in politicis et cameralibus [...] prinzipiell als rechtsunmündig angesehen“ wurde. Diese Zusammenhänge hat der Politologe Hans Maier aufgedeckt, der in der theoretischen Durchdringung der Polizei mittels Traktaten von Theologen und Juristen einen eigenen deutschen Strang der Politikwissenschaft namhaft gemacht hat – eben die „Polizeiwissenschaft“.

Nicht von den Praktikern der Politik, wohl aber von einigen Theoretikern, namentlich den subversiven, die nicht permanent das Gottesgnadentum der Könige und die Souveränität der Fürsten beklatschten, wurde der Freiheit und der Arbeit der Bürger und Bauern Respekt gezollt. Darunter lag ein solider Sockel an realer Erfahrung, die Selbstverwaltung des lokalen Raumes durch Zehntausende von Städten und Hunderttausende von Dörfern in Europa.

Auf der Wertschätzung der Arbeit gründen die Utopien. Ihr Erfinder, Thomas Morus, hat in seiner „Utopia“ jede adelige und kirchliche Herrschaft ersatzlos gestrichen – es gibt kein rentenziehendes Einkommen, von dem der gesamte gesellschaftliche Überbau des Mittelalters lebte. Zur Arbeit ist jeder verpflichtet, Männer und Frauen, und zwar zu landwirtschaftlicher und handwerklicher Tätigkeit gleichermaßen. Da es keine geschlechtsspezifische Trennung der Arbeit gibt und insbesondere keine ständisch bedingte Befreiung, lassen sich die täglichen Arbeitszeiten in Utopia auf sechs Stunden reduzieren. Aus diesen arbeitenden Familien beziehungsweise den Häusern baut sich dann auch der Staat auf. Sie wählen den Senat und dieser den Rat. „Res publica und societas civilis sind identisch", hat Thomas Nipperdey treffend diesen Sachverhalt genannt. Die Reformatoren schlugen grobe Breschen in die Ständeordnung mit ihrer theologischen Delegitimierung des Priesterstandes, die Utopisten, radikal wie sie sind, konzipieren ihre heilen und stationären Welten gleich auf einer bürgerlich-bäuerlichen Gesellschaft.

Johannes Althusius hat das dann am Beginn des neuen Jahrhunderts in seiner 1603 veröffentlichten „Politica" in politische Theorie umzuschreiben versucht. Staatliche Macht baut sich von unten auf, und zwar über Freiwilligkeit und Vertrag. „Consociatio quid" – ein Zusammenschluß der Menschen „pacto expresso, vel tacito", sagt Althusius. Alles ist Vertrag, von der Ehe bis zum Staat. So stiften Menschen Gemeinschaften, die auf gemeinsamem Besitz, gemeinsamer Arbeit, gemeinsamem Recht und mentaler Übereinstimmung gründen. Eine solche Option mußte man dann nur noch radikalisieren, wie das Jean-Jacques Rousseau 1762 getan hat, und dann hatte man die moderne Republik aus dem „Gesellschaftsvertrag", in der allein Freie und Gleiche durch ihren „Gemeinwillen", die „volonté générale", sich die Gesetze geben, mit denen sie das „Gemeinwohl" aller befördern wollen.

Das 16. Jahrhundert lebt wie vibrierend aus einer großen

Spannung – nochmals sicherte sich die Monarchie, auf den Adel gestützt, ihre Macht, nicht zuletzt dank der Reformation. Die Reformatoren haben die Macht an sich theoretisch nicht neu legitimieren können, als die Bürger und Bauern das über die Freiheit versuchten, sind sie ihnen in den Arm gefallen. Die Macht des Glaubens erwies sich politisch als ohnmächtig, mächtig war nur die Gewalt. Doch mit dem Adel konkurrieren jetzt, ganz anders als im Mittelalter, Bauern und Bürger, der „Gemeine Mann", die „Commons", der „Tiers état", wie sie in den europäischen Sprachen heißen. Es sind alle, die einer ordentlichen Arbeit in rechtlich gesicherten Verhältnissen nachgehen, unter Respektierung eines geschützten personalen Rechtsstatus, der auf Freiheit orientiert, und in geschützten Formen der Anerkennung der Arbeit, die auf Eigentum zulief. Gesicherte Rechtsverhältnisse zu schaffen, dazu hatte das 16. Jahrhundert nicht wenig beigetragen, durch Landrechte, Landesordnungen und Polizeiordnungen, die teils ständisch beraten, teils autoritativ in Kraft gesetzt wurden, so wie eben die Machtverhältnisse lagen. Der Reichstag hat immerhin erwogen, allen Einwohnern des Reiches die Freiheit zu ermöglichen, viele Fürsten haben ihren Untertanen einen verfassungsrechtlich festen Status zugeschrieben – Württemberg, Baden, Tirol und viele der Hunderte kleiner Herrschaften im Reich.

Hans Lueprecht lebte als gealterter Mann unter den Bedingungen einer neuen Generation. Sein Herr, der Abt von Kempten, hatte mit ihm und weiteren 1600 Untertanen einen Vertrag geschlossen. Ihm zufolge konnten er und seine Kinder ohne Sanktionen heiraten, wen sie wollten, wegziehen, wohin sie wollten und ihr Vermögen vererben, wem sie wollten. Lueprecht verfügte über einen vertraglich gesicherten Status, zuvor verfügte er über keinen – die Kaiser in Wien haben das seinen Nachkommen mehrfach bestätigt, im 17. und im 18. Jahrhundert.

Christian Pfister

Jahrhundertwetter

„Es ist kein beständiger Sonnenschein, die Früchte auf Erden werden nicht mehr so reif, als sie ehezeit gewesen. Die Fruchtbarkeit aller Kreaturen geht zurück, das Feld und der Acker sind des Fruchttragens müde geworden und gar ausgemergelt, von dannenher die grosse Teuerung und Hungersnot sich verursachet."

Anhand dieser und anderer Vorzeichen belegte Daniel Schaller, Pfarrer in Stendal (Altmark), 1595 seine Überzeugung, daß der Untergang der Welt nahe sei. Aus anderen Teilen Mitteleuropas sind ähnlich lautende Berichte überliefert, die auf eine Klimaveränderung am Ende des sechzehnten Jahrhunderts hindeuten. Die historische Klimaforschung hat den harten physischen Kern dieser Eindrücke freigelegt: Winter und Frühjahr waren im sechzehnten Jahrhundert durchweg kälter als im zwanzigsten. Die Sommer waren im ersten Jahrhundertdrittel ebenso warm, im zweiten 0,3 Grad Celsius wärmer und leicht trockener, im letzten um 0,4 Grad kühler und wesentlich feuchter.

Nach 1580 dehnte sich das Azorenhoch seltener nach Mitteleuropa aus, während in den Wintermonaten klirrende Kälte bei nordöstlichen Winden und Schneefall vorherrschten. Spanien wurde in der Jahrhundertmitte wiederholt von Dürren heimgesucht, nach 1580 folgten Überschwemmungen. An der nördlichen Waldgrenze verlangsamte sich das Wachstum der Bäume. Die Zungen der Alpengletscher stießen weit vor, jene des Unteren Grindelwald-Gletschers allein um einen Kilometer. Der Gangwechsel der Wettermaschine wurde großräumig von Andalusien bis nach Finnland, ja selbst in Nordamerika spürbar, das unter der längsten Trockenperiode dieses Jahrtausends litt. Vom Schweizer Mittelland bis nach Ungarn brach zwischen 1585 und 1600 der Weinbau zusammen. Die Tropfen waren sauer und unerschwinglich teuer. Kein Wunder, daß die frustrierte Wiener Bevölkerung vom Heurigen auf Bier umstellte. Die habsburgische Krone, die am Konsum und am Export des Weines kräftig mitverdient hatte, geriet dadurch in Geldnot.

Aus der Gegend des Vogelsbergs (unweit von Frankfurt) sind aus dieser Zeit zahlreiche Berichte von sommerlichen Schneefällen, Spätfrösten und Starkniederschlägen überliefert. Die dortigen Roggenerträge gingen in der Folge längerfristig zurück, größere Teile der Bevölkerung verarmten. Um 1600 kam das Bevölkerungswachstum in Deutschland zum Stehen.

Felicitas Hoppe

Ruder zu Galgen bauen

Christoph Kolumbus: Erbsen, fromme Legenden und das letzte Wechseln der Seidenjacke

Christophorus, der erst mit zweitem Namen Kolumbus heißt und wie dieser die vertraute Gestalt der Riesen besaß, nämlich hochmütig, rothaarig, ungebildet und wild, weshalb er beschloß, auf Reisen zu gehen, um darin dem mächtigsten Herrscher der Welt, folglich den Spaniern, zu dienen, ist heute Patron von Braunschweig, Hildesheim, Mecklenburg, Rosenberg, Stuttgart, Württemberg und Würzburg, Beistand von Bogenschützen, Buchbindern, Färbern, Flößern, Gärtnern, Hutmachern und Obsthändlern, Fürsprecher der Lastträger und des Flugverkehrs ängstlicher Piloten über dem Ozean, vor allem aber der Schatzgräber, denn nichts anderes heißt „christoffeln“, als den Schatz aus der Ferne zu beschwören und das Stroh der Einbildungskraft und des Irrtums durch Raub zu Gold zu spinnen unter dem Vorwand, unterwegs Seeleute, Werftarbeiter, Zimmerleute, verlorene Gebirgsreisende und Touristen zu beschirmen, allen voran aber schlaflose Kinder. Er ist der Heilige der Brücken, der Festungen Frankreichs, des Meeres und der Äpfel, tritt an gegen unbußfertigen Tod, gegen Dämonen und allgemeine Widrigkeiten wie Unwetter, englischen Hagelschlag, Hungersnot, Skorbut und Zahnschmerz, kurz: einer der Vierzehn Nothelfer Europas, die einmal auszogen, eine Neue Erde zu entdecken und nebenbei noch das Paradies.

Kolumbus dagegen ist nur ein Held und auch nicht so schön, wie die Ikonen- und Historienmaler ihn zeichnen. In der Faust einen Baumstamm als Ruder, geht er wie alle Rie-

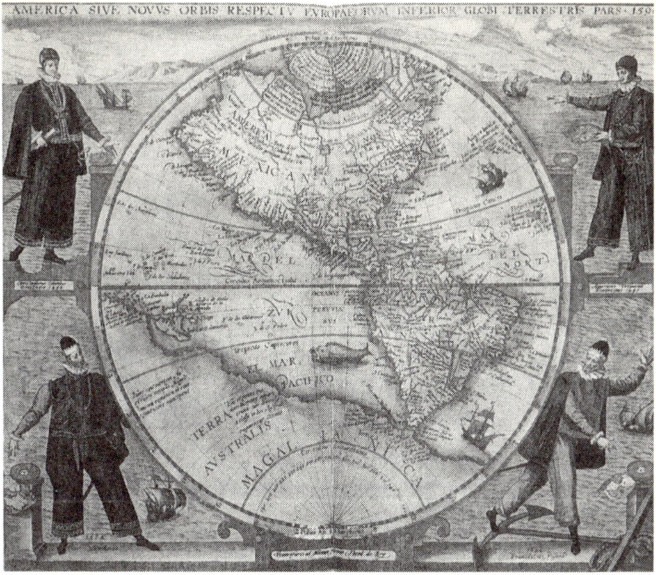

Karte Amerikas aus dem Jahre 1596 mit den Darstellungen von Kolumbus, Vespucci, Magellan und Pizarro. Kupferstich von Theodor de Bry aus „Americae“, Teil I.

sen und Seeleute gebeugt. Das Christuskind, das er von einem Ufer zum nächsten schleppt, ist bei näherem Hinsehen nichts als ein von den Malern umgedeuteter Buckel, Schatten seiner verhöckerten Seele. An keinem Ort hält es ihn lange, weshalb er als einer der größten Entdecker aller Zeiten gilt, während seine Entdeckungen auf flüchtiger Gunst von Königinnen und günstigen Winden beruhen und endlich auf Selbstvernichtung, der gewöhnlichen Strafe für Ahnungslose und Märtyrer. Man sagt, daß er mäßig war und bescheiden. Beides ist unwahr, denn überliefert über das Wasser zu gehen, als wäre das nichts ist nachweislich eine Kunst, die nur wenige beherrschen. Aber Fremden und Königinnen gegenüber benahm er sich angenehm und würdig, und in religiösen Dingen war er so streng, daß er beim Fasten und beim Herunterleiern der Gebete einem Ordensbruder glich, was der spanischen Königin, obwohl er ein Italiener war, wahrscheinlich gefiel. Er war auch ein Feind der Flüche, so daß er, wollte er jemandem zürnen, und er zürnte der ganzen Welt, weil ihn niemand begriff, seinen Verweis in die Worte „Gott soll dich holen!" kleidete. Der Königin Isabella schrieb er so schöne Briefe, daß er allein damit sein Geld hätte verdienen können. Die Briefe waren sehr lang, und er schrieb sie so lange, bis sich Isabella hinter dem Rücken der wissenschaftlichen Kommission, die seine Irrtümer natürlich erkannte, die Juwelen vom Hals knöpfte und ihm ein Schiff kaufte, mit dem er wenig später entschlossen in Seenot geriet.

Seenot ist eins, Untergang ein anderes, dazwischen liegen endlos gedehnt Stürme und Wasser und sehr viel Zeit, um heilig zu werden. Durch eine Fliege in zitternde Unruhe versetzt, tut Kolumbus kein Auge zu. Nachts schreibt er zwei Kursbücher seines Ruhms, eines für sich und die Königin, ein zweites, in dem er den unheimlichen Kurs der Magnetnadel zurechtrückt für seine Mannschaft aus abergläubischen Sträflingen und Ablaßjägern, unterwegs in westlicher Richtung nach Osten zu einem Ufer, das heute jeder Tourist schon von weitem erkennt. Kolumbus dagegen sieht nichts als Wasser und befiehlt, einen durch Los zu bestimmen, der im Fall von doch noch glücklicher Landung eine Pilgerfahrt unternehmen soll. Er selbst zählt die Erbsen aus, eine für jeden, ritzt in eine ein Kreuz und schüttet die Erbsen in einen Sack. Ihn trifft das Los, er zieht die gekreuzigte Erbse und befiehlt dem Chor der Matrosen ein *Salve Regina*. Während sie singen, träumt er im Stehen von Lichtern und Land, aber weil er von Natur aus mißtrauisch ist, schreibt er den Bericht seiner Reise auf eine spanische Fahne, bestreicht sie mit Wachs, stopft sie in ein leergetrunkenes Faß und wirft das Faß in die Wellen. Dem, der als erster Land sieht, verspricht er eine seidene Jacke.

Wenig später, am Freitag dem zwölften Oktober 1492, trägt er die Jacke selbst zum Staatsbesuch auf seiner ersten entdeckten Insel. Er grüßt, er singt, er schlägt Kreuze, pflanzt Fahnen, dann verschwindet er wieder, um weiter nach indischem Festland zu suchen. Ein paar als Mönche verkleidete Galgenbrüder läßt er zurück, damit die Schrift sich erfüllt, in der steht, daß die Indianer nackt wie die ersten Menschen waren und daß es Spanier waren, die sie bekleidet haben und ihnen auch zeigten, wie man Jacken und Fahnen näht, wie man Kreuze in Erbsen ritzt und Gold gegen Erbsen tauscht und wie man, wenn kein Gold mehr zu haben ist, Ruder zu Galgen baut und zu Ehren des Erlösers und seiner zwölf Apostel je dreizehn Unbekleidete daran aufhängt, darunter Holz legt und Feuer und sie so lange wärmt, bis Gott sie sich holt, denn Gold, schreibt Kolumbus der Königin, ist das allervortrefflichste Ding. Wer es besitzt, hat alles, was er sich in der Welt wünschen kann und bringt es so weit, daß er die Seelen ins Paradies befördern kann.

Aber anstelle vom Paradies entdeckt Kolumbus nur weitere Inseln, die des Heiligen Erlösers, seiner Mutter Maria, des Königs und seiner Gattin. Die fünfte Insel aber, beschließt er, muß endlich das Festland von Asien oder von Indien sein, wo der Pfeffer wächst. Sein Glaube versetzt nämlich Berge, täuscht erst das Auge, dann die Geräte, dann den Verstand und zwingt zum Schluß den Notar seiner Flotte zur Beglaubigung einer Behauptung, auf die eine ganze Mannschaft, Mörder, Matrosen, Piloten und Meister, den Eid schwört wie folgt: daß dieses auf immer Festland sei und, obwohl man vom Mastkorb aus ihre Ränder schon ahnt, ganz sicherlich keine Insel, weil, wer das Gegenteil behauptet, nebst Ausschneiden der Zunge hundert Peitschenhiebe erhalten soll, weshalb man hierzulande noch heute hartnäckig glaubt, Schweigen sei Gold.

Nur daß sich auch ohne Zungen jetzt wie von selbst alles weitererzählt, was Schatzsucher und Handwerker von überall nach sich zieht, Schneider von Jacken und Fahnen, Zimmerleute für Galgen und schließlich spanische Lanzenreiter, die Kolumbus in Ketten legen, weil er, anstatt auf den Inseln für Ordnung zu sorgen, Kreuze in Erbsen ritzt, fiebert und fabuliert, wie schnell das Jahrhundert sich gegen ihn wendet und die Schrift sich erfüllt und daß kaum noch Zeit bleibt für Pilgerfahrten und für die Rettung der Welt und der Erde, die, schreibt er an seine Königin, natürlich nicht rund ist, sondern so flach wie der Handteller Gottes, und obenauf, dem Stielende einer Birne gleich, erhebt sich herrlich das Paradies. Unterzeichnet: Chistoferens, Nothelfer von Spanien, der nicht lange nach seiner Königin starb, jedoch nicht den Märtyrertod seiner Wünsche, sondern den durch Vergessen. Man hätte ihn trotzdem gern heiliggesprochen, nur daß es bis heute nicht Schatz- noch Reliquienjägern gelang, sein ruheloses Gebein zu finden. In der Fülle heiliger und unheiliger Knochen kommt es nämlich leicht zu Verwechslungen, wie auch im Fall einer seidenen Jacke, die nicht Kolumbus zustand, sondern einem Matrosen, der sich aus Kummer darüber noch in der Nacht seiner Entdeckung am Mastbaum erhängte und darum zusammen mit seinem Admiral unerlöst über das Meer fahren muß bis zum Jüngsten Tag.

Seeleute und Touristen, die Ihr nachts von einer Fliege in zitternde Unruhe versetzt schlaflos am Bug Eurer Schiffe steht und nicht wißt, wie man sich auf sinnlosen Reisen die Zeit vertreibt – wenn Ihr sie seht, einen hängend, den andern in Ketten, so traut Euren Augen und schenkt ihnen ein flüchtiges Stoßgebet, damit sie vor Euch ans andere Ufer gelangen!

Michael Jeismann

Jüngste Tage

Das Orakel

Riesen sind gewiß stark, aber stärker ist die Gefahr der Ungewißheit. Gargantua und Pantagruel zum Beispiel, Rabelais' Satire-Riesen, konnten Gefangene in einen ihrer hohlen Zähne einsperren und so die unvollkommene Zahnheilkunde ihrer Zeit aufs beste kompensieren. Aber als es um die Eheentscheidung ging, geraten die beiden in schwere Nöte; ob man sich auf die Treue der Frau verlassen könne, wollen sie wissen und nehmen für eine sichere Antwort vom allerhöchsten Orakel, nämlich der „göttlichen Flasche", alle möglichen Abenteuer auf sich. Vorher allerdings hatten sie zur Klärung der Frage die größten Gelehrten Europas eingeladen – und die widersprüchlichsten Ansichten zum Wesen der Ehe im allgemeinen und zu dem der Frau im besonderen vorgetragen bekommen.

Im selben Jahr, als Rabelais' Gargantua erschien, 1534, hatte sich Heinrich VIII. dazu entschieden, seine langjährige Ehe mit Katharina von Aragon, der Witwe seines verstorbenen Bruders Arthur, gegen den päpstlichen Willen für ungültig zu erklären, um sich von seiner Frau scheiden lassen zu können. Zugleich löste er die englische Kirche von Rom und setzte sich selbst als Oberhaupt der anglikanischen Kirche ein. Auch er hatte zuvor die größten Rechtsgelehrten versammelt. Es ging um die Frage, ob seine Ehe, eine sogenannte „Levirats"-Ehe mit der Frau seines Bruders, legitim oder ob sie als von vornherein ungültig zu betrachten sei. Nicht nur die Gelehrten aus Oxford und Cambridge, sondern auch die Herren von der Sorbonne hielten dafür, daß Heinrich sich wegen Ungültigkeit seiner erste Ehe abermals verheiraten könne; denn selbst der Dispens des Papstes könne an der Ungültigkeit nichts ändern. Heinrich VIII. sollte noch fünfmal die Ehe eingehen und die gelehrten Gutachten damit sehr strapazieren.

Das sechzehnte Jahrhundert kann tatsächlich ein Jahrhundert der Ehe genannt werden, das bis weit ins achtzehnte Jahrhundert die Sozio- und Psychogenese von Heirat und Familie prägen sollte. Es ist das Jahrhundert, in dem Bürger und selbst Bauern mehr und mehr zu regelrechten Eheverträgen übergehen und die Frau damit als Rechtssubjekt auftritt (eine Art Emanzipation, die durch die Reformation und das Tridentinum noch verstärkt, gleichzeitig aber durch die ausbrechende Hexenhysterie konterkariert wurde); es ist das Jahrhundert der Witwenehen, die angesichts eines steilen Bevölkerungswachstums für die Männer häufig die einzige Chance des sozialen Aufstiegs bieten. Und es ist das Jahrhundert der besonders folgenreichen Ehen. So kam es bei der Heirat des Calvinisten Heinrich IV. mit der katholischen Margarete von Valois zum Massaker an den Hugenotten, zur Bartholomäusnacht. Nicht minder folgenreich war die Ehe Martin Luthers mit der vormaligen Nonne Katharina von Bora, mit der das Modell der protestantischen Pfarrfamilie vorgegeben war – jener Pfarrfamilie, der die deutsche Geistesgeschichte so außerordentlich viel zu verdanken haben sollte, Genialitäten und Gemütskrankheiten eingeschlossen. Die Ehe war nach Luther beides zugleich: „ein weltlich Ding" und zugleich „seliger", „geistlichster" Stand. Das Eherecht delegierten die Reformatoren folglich an den frühneuzeitlichen Staat, der diese Aufgabe allerdings noch gar nicht bewältigen konnte; so kam es nicht zur Säkularisierung der Ehe, sondern im Gegenteil: Die kirchliche Eheeinsegnung in der Gemeindeöffentlichkeit wurde nun der entscheidende Akt. Erst mit dem sechzehnten Jahrhundert also begann die eigentliche Verkirchlichung von Heirat und Ehe.

Nicht nur die Reformatoren, sondern auch die katholische Kirche wandte ihre Aufmerksamkeit der Ehe zu, die erst seit dem zwölften Jahrhundert als Sakrament betrachtet wurde. In der christlichen Tradition hatte das klösterliche Leben immer den weit höheren Status inne, und die Ehe galt als Institution, mit deren Hilfe man die Fleischeslust in geordnete Bahnen lenken konnte. In weltlicher Hinsicht war die Ehe bis dahin ein mehrgliedriges oder gestrecktes Rechtsgeschäft, das vor Freundes- und Verwandtenöffentlichkeit vollzogen wurde. Das Konzil von Trient, das die Gegenreformation einleitete, beriet eingehend über eine Reform des Eheschließungsrechts. Erst in letzter Minute, im Jahr 1563, konnte man sich einigen. Anders als im Protestantismus war neben dem gemeinsamen Willen der Eheleute keinerlei Zustimmung von seiten Dritter notwenig; die Ehe mußte aber, um gültig zu sein, vor dem Pfarrer und mindestens zwei Zeugen erklärt werden. Vor allem aber sollte die Ehe ein gewisses sittliches Niveau und eine sorgfältige Erziehung der Kinder gewährleisten – von hier aus sollte eine ungeheuere Normproduktion erfolgen. Die Ehe blieb freilich weiterhin ein unwägbares Risiko. Das Orakel jedenfalls, das Gargantua und Pantagruel schließlich befragen, hat auch keinen besseren Rat als: Das müßt ihr schon selbst herausfinden.

Richard C. Trexler

Ein Amerikaner in Jerusalem

Die Heiligen Drei Könige, eine Geschichte der Neuen Welt

Die Geschichte vom Besuch der Heiligen Drei Könige beim Jesuskind in Bethlehem war im spätmittelalterlichen Europa auf vielerlei Weise präsent. Nicht nur, daß Hunderte von Gasthöfen nach den drei Königen benannt waren. Nicht nur, daß ihnen kultische Verehrung zuteil wurde und daß sie auf Tausenden von Gemälden dargestellt waren. Ausgehend von der Nacherzählung der Legende durch Johannes von Hildesheim aus dem späten vierzehnten Jahrhundert, waren ihre Reise und die Anbetung des neugeborenen Christuskindes zu einem festen Thema von Prozessionen und festlichen Darbietungen geworden, bei denen einfache Leute und Adelige als Könige oder in deren Gefolge auftraten und sich auf diese Weise in eine Beziehung zur Christusgeschichte setzten – zunächst in den Kirchen, später auch auf den Straßen der Städte.

Tatsächlich stellte die biblische Geschichte der Weisen aus dem Morgenland, die bekanntlich erst im sechsten Jahrhundert gekrönt wurden, das einzige christlich geprägte „heraldische“ Geschehen im Neuen Testament dar, den einzigen positiven Verweis auf die säkulare Welt innerhalb der gesamten Textsammlung: Es waren diese Weisen, die den Anspruch des Matthäus rechtfertigten, daß Jesus ein König sei. Die Portugiesen und die Spanier brachten, als sie zu Beginn des sechzehnten Jahrhunderts Amerika zu kolonisieren begannen, neben der malerischen Tradition der Heiligen Drei Könige auch die europäischen Vorstellungen von ihrer gesellschaftlich-politischen Rolle innerhalb des Prozessionswesens mit.

Kolumbus selbst hat den Königen Eingang in diese Neue Welt verschafft. Aus den Tagebüchern des Großadmirals wissen wir, daß er während der Fahrten von 1492 und 1496 seinen Matrosen zunächst vor Haiti und später vor Kuba erklärte, sie würden nun jene Länder zu Gesicht bekommen, aus denen die Heiligen Drei Könige mit ihren Gold- und Weihrauchgaben nach Bethlehem gezogen seien. Wenig später gelangte Kolumbus dann auch zu dem Schluß, Kuba sei in Wirklichkeit Saba oder Scheba, die Heimat jener Königin, die einst Salomon besucht und reich mit Gold beschenkt hatte – nur, daß die Einwohner von Kuba nicht mehr wußten, wie man den Namen ihrer Insel richtig ausspricht. So wie die portugiesischen Seefahrer in Afrika und Indien mit großem Eifer nach dem legendären Priesterkönig Johannes gesucht hatten, suchten nun aus ganz ähnlichen Motiven die Spanier in ihrem „Indien" nach den drei Weisen (oder nach El Dorado oder den Sieben Städten von Cibola). Sie glaubten, die von den Nachkommen der Drei Könige bewohnten Weltgegenden würden von Kostbarkeiten wie Gold, Weihrauch und Myrrhe überquellen.

Das anonyme Tafelbild mit der Anbetung der Könige markiert das erste Auftreten der Heiligen Drei Könige auf dem amerikanischen Kontinent innerhalb der Malerei. Und wie man sieht, ist einer der Könige als exotischer amerikanischer Krieger dargestellt. Der amerikanische Kriegerkönig soll ein brasilianischer Eingeborener sein, der den portugiesischen Matrosen begegnete, als sie im Jahre 1500 unter der Führung Cabrals Brasilien für Portugal in Besitz nahmen. Aber wie kommt es, daß in dieser durch und durch europäischen oder nahöstlichen Geschichte ein Amerikaner auftritt? Die Antwort lautet: Nach Ansicht vieler zeitgenössi-

Indianische Krieger als einer der Heiligen Drei Könige, anonymes Tafelbild, um 1505

scher Geographen und Kosmographen hatten nicht nur mehrere der Apostel Jesu in Amerika missioniert. Auch einer der Heiligen Drei Könige war aus Amerika nach Bethlehem gezogen. Nicht alle drei Könige stammten also aus dem alten Nahen Osten. Dies war eine wichtige Weiterentwicklung der Auffassung des Kolumbus. Und zusätzliche Plausibilität bekam sie, als Anfang des siebzehnten Jahrhunderts ein Gelehrter zu dem Schluß gelangte, jener aus Amerika stammende König sei über die Landbrücke von Alaska nach Sibirien gekommen und habe sich von dort nach Bethlehem durchgeschlagen.

Man sollte meinen, mit dieser Art von „frommer Geographie" sei es endgültig vorbei gewesen, nachdem die Flotte Magellans zwischen 1521 und 1523 den Erdball tatsächlich umsegelt hatte. Seither war immerhin klar, daß es vier Erdteile gab und nicht nur jene drei, aus denen nach der bisherigen Auffassung die drei Könige gekommen waren. Es ging hier jedoch nicht bloß um Geographie. Die Missionare des sechzehnten Jahrhunderts waren entschlossen, die Völker beider Amerika in das soziale Universum um das Jesuskind einzugliedern und ihnen eine christliche Vergangenheit zu verschaffen. Dies erklärt, warum die Einheimischen die neuen Bilder der Heiligen Drei Könige willkommen hießen, auf denen nun nicht mehr die Vertreter der drei Kontinente aus der Zeit vor Magellan dargestellt waren, sondern ein Schwarzer, ein Weißer und ein Indianer oder Inder, die die drei menschlichen Rassen repräsentieren sollten.

Aber noch wichtiger ist die Rolle, die die Bildpropaganda bei der Gruppierung der indianischen Völker Amerikas um die christlichen Altäre spielte und wie sie dazu beitrug, die Bevölkerung Amerikas unter die Herrschaft des kaiserlichen Spanien und der universalen Kirche zu bringen. In Amerika sollte die Dreikönigsprozession die Vielfalt der

Völker, über die die Spanier – etwa im alten Aztekenreich – nun herrschten, zu einer Einheit formen. So organisierten die Spanier in der sogenannten Neuen Welt große Dreikönigsprozessionen, bei denen sich die Bewohner der verschiedenen Pueblos oder Landstriche jeweils unter einem der von Eingeborenen gespielten Könige zusammentaten. Wenn dann schließlich die verschiedenen Gruppen gemeinsam in Jerusalem angekommen waren, huldigten sie dort dem spanischen Herrscher als Herodes und setzten ihren Weg nach Bethlehem fort, wo sie die unterwegs erlernten standardisierten christlichen Gebete und Huldigungsformeln sprachen und im Angesicht des Kindes zu einer einzigen Christenheit zusammenwachsen sollten.

Dieser Bildlichkeit liegen Gleichsetzungen zugrunde, die zeigen, wie die Phantasie der Chronisten funktionierte. Der Franziskaner Juan de Torquemada läßt Cortés die Rolle des Jesuskindes spielen. Die Eingeborenen, so erklärt der Mönch, hätten den Himmel nach Anzeichen für die Rückkehr Quetzalcoatls abgesucht, so wie einst die Weisen aus dem Morgenland nach dem Stern Ausschau gehalten hatten. Als man dann Montezuma von der Landung des Cortés benachrichtigt habe, seien seine Ratgeber in Verwirrung und Besorgnis geraten, „so wie Herodes in Zorn geriet, als die Weisen in Jerusalem eintrafen und nach dem neugeborenen König fragten“. In dem ersten direkten Zeugnis für eine amerikanische Festtradition am Dreikönigstag (5./6. Januar) tritt besonders der Aspekt des Tributs hervor. Der Franziskanermönch Motolinia berichtet von einer Prozession, die die Einwohner von Tlaxcala östlich des heutigen Mexico City im Jahre 1540 veranstalteten: Zunächst seien sie unter dem Triumphbogen auf dem Hof des Klosters hindurchgezogen und hätten sich dann nach Bethlehem oder vielmehr nach dem Portal der Missionskirche gewandt. Vor dem Bild des Kindes an der

Fassade der Kirche hätten sie sich zu Boden geworfen und zu ihm gebetet, wie es auf dem Bild auch der Papst und Karl V. zu beiden Seiten der Krippe taten. Dann hätten sie dem Kind oder vielmehr den Mönchen reiche Gaben, größtenteils Wildbret, dargebracht. Die Kirche selbst durften die Eingeborenen nicht betreten. Die ausführlichste Beschreibung einer mexikanischen Dreikönigsprozession stammt von dem Franziskaner Antonio de Ciudad Real, der 1587 aus der Stadt Tlaxomulco in der Nähe von Guadalajara berichtet.

Diese Prozession, so schreibt er, habe alljährlich stattgefunden. Von jenseits der umliegenden Berge seien die drei von Einheimischen gespielten Könige zu Pferd und von Bannerträgern begleitet in den Hof des Klosters gezogen, das hier zugleich als Jerusalem, Sitz des Herodes, und als Bethlehem fungierte. Die Hirten hätten sich wie Narren aufgeführt, aber die Könige habe man angehalten, „wie Herren zu reiten“, während sie sich zunächst Jerusalem und dann Bethlehem näherten, wo sie ihre Gaben darbrachten, unter anderem Kopalharz, das indianische Äquivalent für Weihrauch, außerdem auch Gold und Silber.

Ein englischer Reisender namens Thomas Gage berichtete 1648 von der Stadt Antiqua Guatemala. Nachdem Gage ausführlich geschildert hat, wie am Dreikönigstag jeder Bewohner dem Jesuskind Gaben darbrachte, fügt er hinzu: „Aber am Zwölften Tag müssen die Alkalden, die Bürgermeister, Richter und andere Justizbeamte Opfer bringen – nach dem Beispiel der Heiligen und der drei Weisen aus dem Morgenland, weil sie die Macht und die Autorität des Königs verkörpern.“ In der Neuen Welt zwangen die Spanier die Masse der Eingeborenen oft unter Androhung der Peitsche, sich in eine neue Ordnung zu fügen und mit gesenktem Haupt den König der Christenheit und seinen Stellvertreter auf Erden, den spanischen Monarchen, zu beschenken.

Die Geschichte der Heiligen Drei Könige wurde auch auf der Bühne dargestellt, in drei Stücken, die in Nahuatl, der Sprache der Azteken, aufgeführt wurden. An diesen im Jahre 1607 transkribierten Stücken fällt eine Eigentümlichkeit sofort auf: Die Könige sind hier arm. In einem Stück heißt es, der ärmste von allen habe dem Jesuskind nur seinen leeren Korb darbringen können. Die Könige gleichen nun eher den Hirten, die das Jesuskind aufsuchten, und nicht so sehr den großartigen Monarchen von ehedem, und darin spiegelt sich die Tatsache, daß diese neuen Christen selbst arm waren. Ebenfalls neu ist in diesen Stücken die Vorstellung, daß die Könige aus drei gesellschaftlichen Klassen kommen, und schließlich auch, daß Maria ihrerseits den armen Königen Geschenke macht, die den jeweiligen Gaben und dem Status der einzelnen Könige entsprechen. So verspricht Maria dem Kaspar das Himmelreich, weil er adlig ist und dem Kind edles Metall geschenkt hat. Dem Balthasar verspricht sie, seine Gebete würden erhört werden, weil er sich so sehr um ihren Sohn bemüht habe. Aber der Ärmste der Armen, Melchior, kann auf eine Belohnung kaum hoffen. Für ihn hält Maria nur die düstere Prophezeiung bereit, er und seine Söhne würden immer bettelarm und ohne Hoffnung auf Besserung an das Land gebunden bleiben. An diesem Punkt vermitteln die Dreikönigsspiele der entstehenden Kolonialgesellschaft eine Klassenideologie, die besagt: Je mehr du gibst, desto größer die Chance, daß du erlöst wirst.

Die Dreikönigsspiele und -prozessionen in Amerika waren indessen nicht nur Anlaß zu Unterwerfungs- und Demutsgesten, sondern bisweilen auch Ausgangspunkt von Widerstand und Rebellion unter den eingeborenen Amerikanern. Schon 1539 war die Obrigkeit erleichtert, wenn die Nächte des fünften und des sechsten Januar vorüber waren. Aufstände drohten aber nicht nur von seiten der eingeborenen Bevölkerung. In Mexico City zum Beispiel kam 1609 die Befürchtung auf, die Schwarzen in der Stadt könnten sich, nachdem sie einen König gewählt hatten, gegen die Spanier erheben. Tatsächlich haben die großen Dreikönigsprozessionen die Aufnahme der Amerikaner in die Christenheit, wenn auch stets als Mitglieder minderen Ranges, möglich gemacht. Die eingeborenen Amerikaner, die sich diese neue Geschichte aneigneten, haben jedoch immer wieder bewiesen, daß sich die europäische Sprache heraldischer Festlichkeit ebensogut gegen die Eroberer wenden ließ. In der Rolle der drei Könige konnten sie sich über diese Eroberer und ihre Institutionen lustig machen und sich ihnen widersetzen.

(Aus dem Englischen von Reinhard Kaiser)

Heinz Schilling

Zeit der Bekenntnisse

Die Konfessionalisierung als Geburtszange der Neuzeit

Heutzutage dürfen die Fürsten nicht mehr verfahren wie früher. Freund und Feind schied sich einst nach den Landschaften, den Königreichen. Heute muß es heißen: Katholik und Ketzer, und ein katholischer Fürst muß zu Freunden haben alle Katholiken in allen Ländern, ebenso wie die Ketzerischen alle Ketzer zu Freunden und zu Voralten haben, seien sie ihre Vasallen oder die anderer. Diese politische Handlungsanleitung entstammt den französischen Bürger- und Glaubenskämpfen. Es war nicht nur gut gemeinter Rat, den hier im Frühjahr 1565 ein Mitglied der Guisen-Entourage dem französischen König erteilte, um ihn auf die Seite der katholischen Liga zu ziehen. Es war auch und vor allem eine unüberhörbare Drohung. Denn Loyalität der Untertanen und Legitimität des Herrschers hingen seit neuestem aufs engste mit der Konfession zusammen. Sollte sich Karl IX. der Freundschaft der Katholiken verweigern oder gar mit Protestanten verbünden, dann durften, ja mußten ihn seine katholischen Untertanen als gottvergessenen Tyrannen vom Thron stürzen.

Wie bitterernst eine solche Drohung war, erlebte wenige Jahre später Philipp II. von Spanien, innerkatholischer Rivale und außenpolitischer Gegner der französischen Valois, in seinen niederländischen Provinzen, die von ihm abfielen, weil sein katholischer Absolutismus sie in ihren religiösen und politischen Freiheiten beschnitten hatte. Auch Frankreich selbst bekam die blutige Gewalt der neuen, konfessionellen Freundschaften und der ihnen in logischer Unerbittlichkeit entsprechenden Feindschaften zu spüren. Die 1572 in der Bartholomäusnacht aufgebrochene Selbstzerfleischung forderte ungezählte Opfer unter Adligen und in der gemeinen Untertanenschaft.

Konfessionalisierung meinte aber nicht nur Haupt- und Staatsaktionen oder Mächteringen von Staaten und Territorien. Konfessionalisierung war ein Fundamentalprozeß, der Europa tief umgestaltete und bis heute nachwirkt. Für mehr als ein Jahrhundert prägten die konfessionellen Muster nicht nur Kirche und Religion, Staat und Politik, sondern auch die Gesellschaft und das alltägliche Zusammenleben bis in die Familie und die individuelle Lebenserfahrung hinein. Nicht anders verhielt es sich bei den Künsten und Wissenschaften. Selbst die Zeit wurde konfessionell: Als Papst Gregor XIII. 1582 die längst überfällige Reform des noch auf Caesar zurückgehenden Julianischen Kalenders verfügte, lehnten viele protestantische Länder diese Anpassung ab, nur weil sie der Papst veranlaßt hatte. Erst im achtzehnten Jahrhundert galt in ganz Europa der Gregorianische Kalender, der in den protestantischen Ländern allerdings auch jetzt nur der Verbesserte Kalender genannt werden durfte.

Glaubenszwang, Inquisition, Verfolgung und blutige Glaubenskriege, wohin man auch schaute. Und dennoch wäre nichts verfehlter, als das konfessionelle Europa wegen der Zentrierung auf das Religiöse als eine Zeit des Rückfalls ins „finstere Mittelalter" zu begreifen. Im Gegenteil, in europäischer Perspektive deutet alles darauf hin, daß nicht Martin Luther oder die deutsche Reformation, sondern erst die eine Generation später einsetzende Konfessionalisierung als gewaltiges Schwungrad des Wandels wirkte. Die eigentliche Geburtsstunde der Neuzeit lag eher in der zweiten als in der ersten Hälfte des Reformationsjahrhunderts. Erst jetzt formierte sich die lateinische Christenheit zu drei konkurrierenden, im Innern straff organisierten und hochgradig integrierten, nach außen scharf abgegrenzten Weltanschauungssystemen, die auf neuzeitlich ausformulierten Lehrgebäuden und Programmen beruhten, den Bekenntnissen oder Konfessionen. Die Lutheraner waren verpflichtet auf die Confessio Augustana (1530) und die Formula Concordia (1580), die Refomierten oder Calvinisten auf die Confessiones Helveticae (1536, 1566), den Heidelberger Katechismus und die Dordrechter Canones (1619), die Anglikaner auf das Book of Common Prayer (1549) und die Thirty-Nine-Articles (1563), schließlich die Katholiken, ungeachtet ihrer eigenen Kontinuitätsthese auch sie eine neuzeitliche, reformationsgeborene Konfession, konkret fundiert in der Professio fidei tridentina von 1564.

Die Konfessionen gingen mit den nationalen, territorialen oder lokalen Staaten Allianzen ein, die im Interesse beider Partner begründet waren, im neuzeitlichen Sinne „Flächenherrschaft" auszuüben, also alle auf ihrem Gebiet lebenden Menschen als Untertanen oder Gläubige ihrer Konfessionsgesellschaft zu integrieren, die Dissidenten aber zu unterwerfen, zu vertreiben oder gar zu töten. Dieses Prinzip, das deutsche Juristen mit der Maxime „religio vinculum societatis" („nur eine einheitliche Religion kann die Gesellschaft zusammenhalten") rechtfertigten, war in der Realität bereits um 1600 vielfältig durchlöchert, und es bildeten sich Toleranzgesellschaften heraus – in Polen, in Holland, sehr viel später in Brandenburg-Preußen. Dennoch hatte der Konfessionalismus als Prinzip eine ungeheure Wirkung. Es bedeutete Leid, Gewissenszwang und Beschneidung der politischen und gesellschaftlichen Handlungsfreiheit, aber auch Integration, Konzentration und Freisetzung einer Veränderungsdynamik, die Zivilisationen ohne vergleichbare Prozesse in ihrer Kirchen- und Gesellschaftsgeschichte fremd war.

In einer mächtigen Zangenbewegung wirkten im lateinisch-christlichen Europa seit Mitte des sechzehnten Jahrhunderts Staat und Konfessionskirchen auf die Gläubigen beziehungsweise Untertanen ein, um sie im Sinne der neuen religiösen und politischen Normen zu formieren und umzugestalten – auf dem sozialpolitisch so wichtigen Feld der res mixtae Ehe und Familie, Erziehung, Schule und Wissenschaften, Kranken-, Armen- und Altersfürsorge; bei den alltäglichen Verwaltungs- und Regierungsaufgaben, etwa durch die Verkündigung der Mandate von der Kanzel herab; beim Aufbau politischer und kultureller Identitäten, durch Prozessionen und Wallfahrten, Gebete für Obrigkeit und Vaterland, durch Buß- und Bettage zum Erhalt oder zur Wiedererlangung der Gnade Gottes; vor allem aber durch eine allgegenwärtige, umfassende Aufsicht, Kontrolle und Regulierung durch Kirchenzucht oder Beichte, Inquisition und Visitation, Kirchen- und Policeyordnungen, Matrimonial- und Kriminaljustiz, die allesamt darauf ausgerichtet waren, in einer Koalition von weltlich-politischen und kirchlich-religiösen Instrumenten Glauben, Denken und Verhaltensweisen der Menschen zu beeinflussen. Die jeweilige Konfessionskirche wurde zum „Ort der Lebensinterpretation“ (Thomas Nipperdey), die dem einzelnen Sinn, aber auch Initiativen und Zwecke vorgab. Die Gegenwärtigkeit der Konfessionskulturen erlebt heute noch jeder, der sehenden Auges den Kontinent durchreist und sich gefangennehmen läßt von den unterschiedlichen Ausdrucksweisen, die Literatur, Musik, Malerei und Architektur in den frühneuzeitlichen Konfessionalisierungen erhielten.

Die konfessionell gespaltene Kultur bedeutete zugleich Vielfalt und Variation – in Europa allgemein, vor allem aber in Deutschland, wo fortan neben dem farbenfrohen und in

Leidenschaft an das Überirdische hingegebenen katholischen Süden und Westen die in ihrer Religiosität und ihren kulturellen Ausdrucksformen gezügelten protestantischen Landschaften des Nordens und Ostens standen. Das darf nicht auf das gängige Klischee protestantische Wort- und Musikkultur hier und katholische Kultur der Bilder und Symbole dort reduziert werden. Reformatoren wie Gegenreformatoren waren Menschen des Wortes und des Schreibtisches. In der Literatur stehen neben Opitz und Shakespeare ein Vondel, Cervantes oder Calderón de la Barca. Neben Bach, dem großen Schöpfer der geistlichen Musik des Protestantismus, steht Palestrina als Neuerer und Modernisierer der katholischen Kirchenmusik.

Und die Malerei mit ihrer glühenden Bildhaftigkeit wird nicht nur von Rubens, Reni oder Velázquez, sondern auch von Cranach, Rembrandt und Vermeer bestimmt. Es kann keine Rede davon sein, daß mit der Reformation das Bild seine alles durchdringende religiöse Aura verlor und zum gesellschaftsfernen Kunstobjekt wurde. Im Gegenteil, in der Konfessionalisierung erhielten Bild und Symbol einen Macht- und Bedeutungszuwachs, der den einzelnen wie die europäischen Gesellschaften insgesamt erfaßte und im Gleichklang mit den anderen Impulsen der Konfessionalisierung im neuzeitlichen Sinne formte.

Dominik Gross

Zähne und Zeiten

Wandernde Dentatoren bei der Arbeit: Zahnheilkunde zwischen Aberglauben und Empirie

Wer einen Blick in die Geschichte der Zahnheilkunde riskiert, sieht sich einer Fülle von magischen, wundersamen und bisweilen furchteinflößenden Praktiken gegenüber, die mit unserem Verständnis von Medizin unvereinbar erscheinen. Vor allem die mittelalterliche Zahnheilkunde trägt den Stempel des Aberglaubens: Hierher gehören beispielsweise Berichte über die Anwendung von Froschfett zur vermeintlichen Erleichterung der Zahnentfernung (Petrus Hispanus, John of Gaddesden), Schriften über die Einreibung mit Wolfsmilch bei Zahnschmerzen oder die Empfehlung von Regenwürmeröl (Arnald von Villanova). Auch die schon bei den Germanen weit verbreitete Vorstellung vom Zahnwurm als Auslöser von Zahnschmerzen und -zerfall hatte das ganze Mittelalter hindurch Bestand: Hildegard von Bingen (1098–1179) empfahl zur Bekämpfung des Zahnwurms die Räucherung mit Myrrhe und Aloe, und selbst der berühmte flandrische Wundarzt Jan Ypermann (1269/65 bis etwa 1350) erklärte die bei kranken Zähnen gelegentlich auftretende Eiterbildung mit der Bewegung von Würmern.

Weit verbreitet war seit dem dreizehnten Jahrhundert auch die Anbetung der heiligen Apollonia als Patronin des Zahnschmerzes. Jene Märtyrerin war 249 im Rahmen eines Christenpogroms aufgegriffen und mißhandelt worden, wobei man ihr unter anderem durch Schläge auf die Kiefer die Zähne herausbrach. Um dem christlichen Glauben nicht abschwören zu müssen, warf sie sich in den Scheiterhaufen

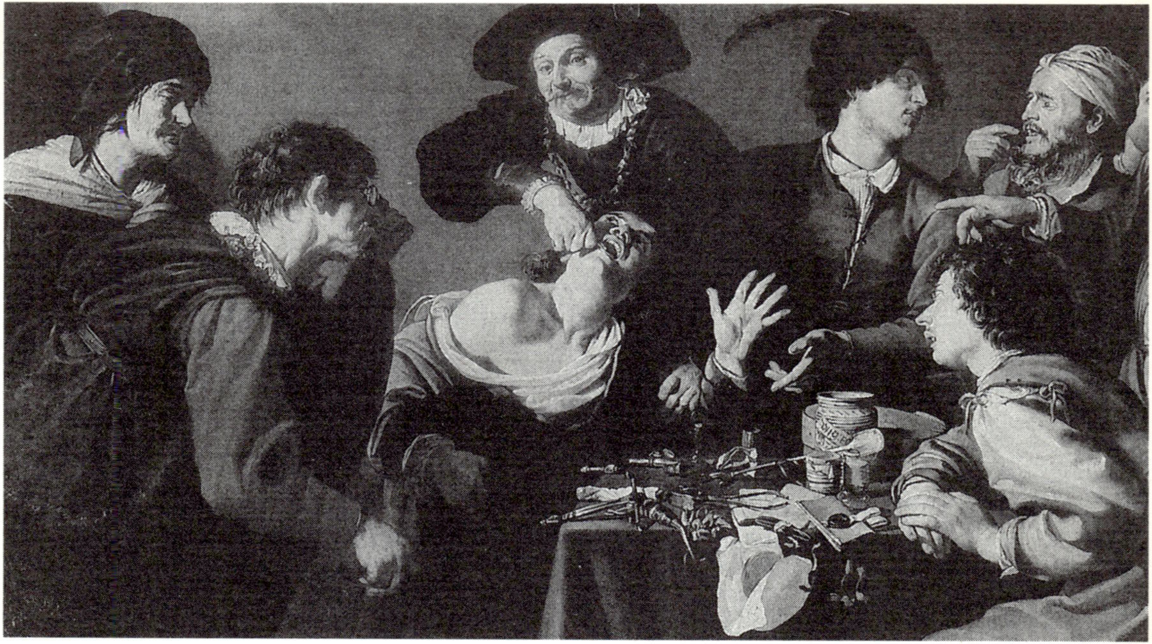

Auf dem Gemälde „Der Zahnzieher" von Theodor Rombouts aus dem 17. Jahrhundert schauen alle hin, nur der Arzt nicht

und verbrannte. Petrus Hispanus – der spätere Papst Johannes XXI. – empfahl regelmäßige Gebete zur alexandrinischen Patronin als Prophylaxe gegen Zahnschmerzen. Vor allem seit dem vierzehnten Jahrhundert sind zahlreiche bildliche und plastische Darstellungen der Märtyrerin belegt, die sie mit den Attributen Zange und Zahn zeigen. Die tiefe Verwurzelung Apollonias in der volkstümlichen Heilkunde zeigt sich unter anderem in der (vor allem in Kärnten anzutreffenden) Bezeichnung des früher gegen Zahnleiden eingesetzten Hyoscyamus als „Apollonienkraut".

Allerdings wäre es voreilig, wollte man der mittelalterlichen Zahnheilkunde und ihren Vertretern ein völliges Verharren in abergläubischen und volksmedizinischen Praktiken unterstellen: neue Impulse gingen seit dem elften Jahrhundert von der Medizinerschule in Salerno aus. Vor allem Constantinus Africanus legte hier Ende des elften Jahrhunderts durch die Übersetzung von Kompendien arabischer Autoren den Grundstein für die weitere Entwicklung der europäischen Zahnheilkunde. Erstmals im Abendland empfahl Konstantin in der Schmerzbehandlung die Applikation von Arsen. Er räumte zudem auf mit der ebenso irrigen wie hartnäckigen Ansicht, daß Frauen weniger Zähne besäßen als Männer. Andererseits hielt Constantinus an der humoralpathologisch geprägten Vorstellung fest, daß die Zahnschmerzen von kopfabwärts strömenden warmen und fauligen Säften herrührten. Gegen Zahnwürmer wurden in Salerno zum Beispiel Bilsenkrauträucherungen propagiert. Die Extraktionstherapie spielte dagegen allenfalls eine Nebenrolle.

Auch das weitreichendste chirurgische Opus des Hoch- und Spätmittelalters, der sogenannte „Roger-Komplex", geht in zahnheilkundlicher Hinsicht kaum über den salernitanischen Kenntnisstand hinaus. Während die meisten Fachschriftsteller des Mittelalters der Extraktionstherapie unentschlossen bis ablehnend gegenüberstanden, gab der bedeutende Arzt und Chirurg Wilhelm von Saliceto im dreizehnten Jahrhundert der Zahnentfernung gegenüber den erwähnten konservativen Maßnahmen den Vorzug. Wilhelm beschrieb überdies erfolgreiche Kieferoperationen, die mittels glühend heißen Messern und mechanischer Kompression durchgeführt wurden. Guy de Chauliac, der bedeutendste chirurgische Schriftsteller des vierzehnten Jahrhunderts, erwähnte als erster den Gebrauch des Pelikans. Jenes Instrument wies einen schnabelartigen Haken auf, mit dem der geschädigte Zahn herausgehebelt werden sollte. Guy war es auch, der die perorale Einnahme von Opium empfahl und die Inhalation von verschiedenen Betäubungsmitteln erprobte – freilich ohne nachhaltigen Erfolg. Der berühmte französische Wundarzt Ambroise Paré (1510–1590) betonte, daß ein erkrankter Zahn zunächst gelockert und dann mit einem Stoßeisen, einer Zange oder einem Pelikan entfernt werden müßte. Nach dem Eingriff sollten ein Aderlaß durchgeführt, das Alveolarfach mit den Fingern komprimiert und die Mundhöhle mit Essigwasser gespült werden. Gleichwohl ist davon auszugehen, daß sich das Zähneziehen faktisch vielfach auf das Abbrechen der Zahnkronen beschränkte.

Die von Aberglauben und Empirie bestimmte mittelalterliche Zahnmedizin dominierte im großen und ganzen bis zum achtzehnten Jahrhundert. Erst mit Pierre Fauchard (1678–1761) und seiner 1728 veröffentlichten, wegweisenden Schrift „Le chirurgien dentiste“ nahm die wissenschaftliche Zahnheilkunde einen deutlichen Aufschwung. Von ihr profitierten in der Folgezeit nicht nur die zahnärztliche Chirurgie, sondern auch die zunehmend bedeutsamen Fachbereiche Zahnerhaltung, Zahnprothetik und Kieferorthopädie. Wer aber übte im Mittelalter die Zahnheilkunde aus, und inwieweit bediente sich jener Personenkreis der verfügbaren Fachliteratur?

Zahnbehandelnde Maßnahmen wurden von Vertretern der niederen Chirurgie (Bader, Scherer, Zahnbrecher), aber auch von medizinischen Laien (weise Frauen, Handwerker und andere) ausgeführt. Daß der Wissensstand jener Behandler durchaus unterschiedlich ausfiel, erklärt sich bereits aus der Tatsache, daß nicht alle Personen des Lesens kundig waren. Auch lag nur ein Teil der Fachschriften in mehreren Landessprachen vor.

Weit über der Theorie stand die Empirie, trial and error bestimmten zumeist das therapeutische Vorgehen. Nicht ohne Grund übten die Dentatoren oder Zahnbrecher ihre Tätigkeit in der Regel nicht an einem festen Ort aus, sondern traten vor allem seit dem Spätmittelalter als „Wanderheiler" auf. Dabei beschränkten sie sich entgegen dem Wortlaut nicht auf das Brechen von Zähnen, sondern verkauften unter anderem auch „Wundertinkturen" und Zahnreinigungsmittel. Als mögliche Behandlungsorte dienten öffentliche Plätze, der lokale Gasthof oder das Haus des jeweiligen Patienten. Im Unterschied zur inneren Heilkunde, aber auch zu manchen chirurgischen Tätigkeiten war das „Zähnebrechen" wenig angesehen. Schon die Bezeichnung macht deutlich, daß diese Tätigkeit nach herkömmlicher Einschätzung keine besonderen Fachkenntnisse erforderte. Ärzte und angesehene Chirurgen beschäftigten sich nach Aussagen von Guy de Chauliac nicht mit dem Extrahieren von Zähnen. Vor diesem Hintergrund kann es nicht überraschen, daß Paracelsus (1493–1541) ein negatives Bild von den Zahnbehandlern seiner Zeit zeichnet: „und sind auch die besten zahnbrecher, und ist war, den sie brechen den zan ab und lassen den stumpf darinnen". Vor allem seit dem sechzehnten Jahrhundert finden sich zahlreiche furchterweckende bis kuriose Abbildungen, Kupferstiche und Holzschnitte, die Dentatoren bei der Arbeit zeigen. Der schlechte Ruf jener Operateure, ihr geringes soziales Ansehen und die eingeschränkten Erwerbsmöglichkeiten – das Reinigen und Ziehen der Zähne blieben meist die einzigen Verrichtungen – hielten ambitionierte Personen lange Zeit von einer Spezialisierung auf die Zahnheilkunde ab. So läßt sich etwa für die Stadt Frankfurt am Main vom Ende des fünfzehnten bis zum Anfang des achtzehnten Jahrhunderts kein einziger ortsansässiger Zahnbehandler nachweisen.

Ernsthafte Versuche der staatlichen Obrigkeit, die Qualifikation der Zahnbehandler zu standardisieren und das allgemeine Niveau der Zahnheilkunde zu heben, sind seit dem Ende des siebzehnten Jahrhunderts belegt: Kurfürst Friedrich Wilhelm von Brandenburg erließ am 12. November 1685 ein Medizinaledikt, das die praktische Ausübung der Zahnheilkunde von einer Prüfung vor einer staatlichen Kommission abhängig machte. Auch in Paris wurde die Tätigkeit als Zahnbrecher am 11. Mai 1699 an einen Eignungstest gebunden. Die entscheidende Voraussetzung für die Etablierung einheitlich ausgebildeter Zahnbehandler in Deutschland schuf jedoch ein preußisches Medizinalreglement aus dem Jahr 1825. Hierin wurden die Anforderungen an den zahnärztlichen Beruf en détail festgelegt. Die meisten Staaten des Deutschen Bundes erließen schon bald nach dem Vorbild Preußens ähnliche Bestimmungen.

Die Bedeutung der fahrenden Zahnbrecher nahm in der Folgezeit rapide ab. Mit der gesetzlichen Neuordnung des Gesundheitswesens, der zunehmenden Entwicklung aller medizinischen Fächer und dem Aufkommen von Anästhesie und Antiseptik genügten die Zahnbrecher nicht mehr den Anforderungen der Zeit.

Allerdings wurden in Deutschland noch um die Mitte des neunzehnten Jahrhunderts gerade einmal 250 approbierte Zahnärzte gezählt. Der Mangel an geeigneten Ausbildungsstätten, das noch immer geringe soziale Ansehen und eine begrenzte Nachfrage nach zahnbehandelnden Maßnahmen standen einer raschen Konsolidierung der Berufsgruppe entgegen. Das Zutrauen der Kranken wuchs erst mit der Einführung wirkungsvoller Inhalationsnarkosen (Lachgas, 1844; Äther, 1846; Chloroform, 1847). Bis dahin mußte sich der Patient vielfach die Frage stellen, was er mehr fürchtete: den Schmerz vor oder den Schmerz während und nach der Zahnbehandlung. Nicht ohne Grund und im Brustton der Überzeugung hatte Ambroise Paré im sechzehnten Jahrhundert festgestellt: „Der Zahnschmerz ist der heftigste und grausamste aller Schmerzen, die nicht zum Tode führen."

Albrecht Kunkel

Formelbuch

78312
87547

Dies war einmal ein neuartiger Rechnungsansatz mit ungewohnten Ziffern. Es sind die beiden Zahlen, mit denen Jung und Alt in Deutschland über viele Generationen das schriftliche Addieren zu lernen begannen. Die Regel dafür – so umständlich wie genau – lautete: „Hebe zuförderst an/gegen der rechten Handt/summir zusamen die ersten Figuren/kompt ein zahl/die du mit einer Figur schreiben magst/so setz sie gleich darunder/Entspringet aber eine mit zweyen Figuren/so schreib die erste gleich darunder/die ander behalt/Darnach summir zusamen die andern Figuren/gib darzu was du behalten hast/und schreib abermals die erste Figur/wo zwo vorhanden. Vnd thue deßgleichen hinfurt mit allen Figuren/biß auff die letzsten/die schreib gantz auß.“ Das Ergebnis ist nach Adam Riese 165859.

Das Exempel stammt tatsächlich von eben jenem Rechenmeister, der bis heute im Volksmund lebendig ist: von Adam Ries (1492 bis 1559) aus dem mainfränkischen Staffelstein. Der war spätestens 1518 nach Erfurt gezogen und lehrte dort privatim offenbar so erfolgreich, daß ihn der Mediziner, Humanist und zeitweilige Universitätsrektor Georg Stortz (1490 bis 1548) anregte, „etwas dem gemeinen man nutzlich in trugk zu gebenn“, wie Ries später dankbar vermerkte.

Nach dem vierzehnten, dem Pest Jahrhundert waren Gewerbe und Handel wieder in Schwung gekommen. Märkte und Messen florierten, und die Geldwirtschaft verdrängte den Naturalientausch. Zunehmend hatten nun außer Stadtkämmerern und Fiskalbeamten der Landesherren auch gewöhnliche Bürger, insbesondere Handwerker und Kaufleute, mit regional unterschiedlichsten Münzen, Maßen und Gewichten zu tun. Sie brauchten also Unterweisung in praktischen mathematischen Elementarkenntnissen. Die vermittelte Ries – Zeitgenosse Martin Luthers (1483 bis 1546) – in der sich nach Erfindung des Buchdrucks festigenden deutschen Schriftsprache; die Fachwissenschaftler, die ohnehin nur lateinisch publizierten, kamen solchen Anforderungen nicht nach.

Rieses erstes kleines Werk behandelte zwar ausschließlich das noch weithin übliche Rechnen „auf Linien", das heißt nach dem Abakus-Prinzip, für das sich gerade auch die tradierten römischen Zahlen mit eigenen Zeichen für 5 (V), 50 (L) und 500 (D) eigneten; damit konnten selbst Analphabeten alltägliche arithmetische Aufgaben lösen, wenn sie das kleine Einmaleins beherrschten. Das zweite Buch dieser Art aber, 1522 erschienen, lehrte zudem ausführlich das Rechnen „mit Federn oder Kreiden", also auf Papier oder Tafel mit den damals relativ neuen indisch-arabischen Ziffern samt der Null im Stellenwertsystem. Es begründete Rieses Ruhm und wurde zum Longseller – nachgewiesen sind 108 Auflagen, die letzte bekannte erschien 1656 in Frankfurt an der Oder.

Außer den Grundrechenarten behandelte Ries darin eigens das „Duplirn" (Verdoppeln) und „Medirn" (Halbieren) einer Zahl sowie vor allem die „Regula Detri" (gewissermaßen den Dreisatz) und gewöhnliche Brüche. Die Methode war Pauken nach unvermittelt vorgesetzten Regeln ohne Einsicht in die Theorie: Jedes Kapitel ist gespickt mit Aufgaben etwa zur Kalkulation von Preisen gängiger Waren wie Tuch, Korn, Wein, Seife und Wachs; Löhne, Zinsen und Erbteile dienen ebenso als Beispiele wie der Feinmetallgehalt von Münzlegierungen oder das Wechseln von ungarischen in rheinische Gulden, Heller und Groschen – und das alles ohne die uns vertrauten Gleichungen. Denn die Operationssymbole +, –, x und : sowie das Gleichheitszeichen = kamen erst weit später allgemein in Gebrauch. Die heute auffälligen Mängel an Didaktik sind daraus zu erklären, daß Ries kein höheres Bildungsziel zu verfolgen, sondern das Rechnen zu lehren hatte wie ein Täschnermeister das Zurichten von Leder oder ein Metzgermeister das Wursten; zudem war es zu seiner Zeit üblich, Wege für das Auffinden von Lösungen mathematischer Aufgaben geheimzuhalten. Pädagogisch geschickt war hingegen, daß er zumeist schrittweise vom Einfachen zum Schwierigeren vorging und vielfach Ergebnisse durch Umkehrrechnung prüfen ließ.

Karriere machte Ries im aufstrebenden Annaberg im Erzgebirge, das von dem ökonomisch umsichtigen Wettiner Georg dem Bärtigen (1471 bis 1539) nach dem Fund reicher Silbervorkommen 1496 gegründet worden war: Er nahm, nachdem er 1522 oder 1523 seine Rechenschule von Erfurt dorthin verlegt hatte, bald hohe Vertrauensstellungen im Rechnungswesen verschiedener Bergämter ein. Außerdem verfaßte er für mehrere sächsische Städte tabellarische Brotordnungen, die deshalb erforderlich waren, weil sich das Gewicht von Backwaren damals nach den jeweiligen Getreidepreisen richtete (Bäckern in Hof mißfiel die gerechte Kalkulation freilich derart, daß sie den mit Probebacken beauftragten Zunftkollegen ermordeten). Mit seiner Frau Anna, die er 1525 heiratete, hatte Ries mindestens acht Kinder und erwarb 1539 auf Abzahlung ein kleines Gut mit Äckern, Weiden, Wald und Fischteichen. Im selben Jahr wurde er zum „Churfürstlich-Sächsischen Hofarithmeticus“ ernannt.

Daß Ries in seiner Disziplin weit kundiger war, als seine Rechenbücher für strebsame Autodidakten gleich welchen Alters vermuten lassen, erwiesen erst 1855 wiederentdeckte

Manuskripte zur „Coss“ genannten frühneuzeitlichen Algebra. Ein weiterer Kodex gleicher Thematik – im wesentlichen die bearbeitete Übersetzung eines lateinischen Sammelwerks – wurde gar erst 1955 als Manuskript von Adam Ries identifiziert.

Frankfurter Anthologie

Redaktion: Marcel Reich-Ranicki

MARTIN LUTHER

Mitten wyr ym leben sind

Mitten wyr ym leben sind
mit dem tod vmbfangen
Wen suchen wyr der hulffe thu
das wyr gnad erlangen
Das bistu Herr alleyne
vns rewet vnser missethat
die dich Herr erzurnet hat
Heyliger herre Gott
Heyliger starcker Gott
Heyliger barmhertziger Heyland
du ewiger Gott
las vns nicht versincken
ynn des bittern todes not
Kyrieleyson.

Mitten ynn dem tod anficht
vns der Hellen rachen
Wer will vns aus solcher not
frey vnd ledig machen
Das thustu Herr alleyne
Es iamert deyn barmhertzi keyt
vnser klag vnd grosses leyd
Heyliger Herre Gott
Heyliger starcker Gott
Heyliger barmhertziger Heyland
du ewiger Gott
las vns nicht verzagen
fur der tieffen hellen glut
Kyrieleyson.

Mitten ynn der Hellen angst
vnser sund vns treyben
Wo soln wyr denn flihen hyn
da wyr mugen bleyben.
Zu dyr herr Christ alleyne
Vergossen ist deyn thewres blut
das gnug fur die sunde thut
Heyliger Herre Gott
Heyliger starcker Gott
Heyliger barmhertziger Heyland
du ewiger Gott
las vns nicht entfallen
von des rechten glaubens trost
Kyri.

(1524)

Ruprecht Wimmer

Ein Lied steigt hinab in die Unterwelt

Über: *Martin Luther, Mitten wyr ym leben sind*

Luthers Lied ist Bearbeitung und Weiterdichtung einer Antiphon, also eines lateinischen Wechselgesanges von Notker dem Stammler. Dieser gelehrte Dichtermönch wirkte gute sechshundert Jahre vor der Reformation in St. Gallen, er starb im Jahr 912. Die Antiphon soll er geschrieben haben, als er Arbeiter beobachtete, die unter ständiger Lebensgefahr eine Brücke über eine Schlucht bauten. Dieses *media vita in morte sumus* wurde im Mittelalter häufig in Kriegszeiten, etwa vor der Schlacht, gesungen. Seine erste Zeile ist es, die sich, gleich ob lateinisch oder deutsch, vom gesamten Text am tiefsten einprägt.

Sie formuliert eine Lebensweisheit, nicht weit von einem Gemeinplatz entfernt, die durch die plastische Übertragung noch bedrängender erscheint: *Mitten wyr im Leben sind/mit dem Tod vmbfangen.*

In der Tat, so kann auch der moderne Leser sagen, der Tod ist überall, er umzingelt uns geradezu, auch in unserem Alltag. Freilich nimmt dann der Text – und dies schon bei Notker – eine Wendung, die diesen Leser ein wenig überraschen mag. Es wird nämlich ein Helfer gegen den Tod gesucht, gegen den doch bekanntlich auf Erden kein Kraut gewachsen ist. Dieser Helfer – und das steht jetzt nur bei Luther – soll bewirken, daß wir „gnad" erlangen. Dadurch aber erhält das Wort „tod" plötzlich eine andere, tiefere Bedeutung, denn eine Hilfe, eine „Begnadigung", die uns das Sterben erspart, kann ja hiermit nicht gemeint sein. Gemeint ist vielmehr eine Rettung vom Sündentod, von der ewigen Verdammnis, der sich die Menschen durch ihre Lebensweise ständig aussetzen und in die sie der überraschende physische Tod unweigerlich stürzt, wenn sie ihre „missethat“ nicht noch vorher bereuen.

Luthers Leistung ist bis hierher schwer einzuschätzen. Er bleibt relativ nahe an Notkers Text, und auch die Sprache der Übertragung ist nur zum Teil sein Verdienst, denn er übernimmt manches von älteren deutschen Versionen des Liedes. Doch wenn man genauer hinsieht, zeigt sich schon in dieser ersten Strophe, warum sich Luther ausgerechnet für Notkers Antiphon interessiert hat und wie er sie liest. Anders als der St. Gallener Mönch verwendet er für Gottes Hilfe das Wort „gnad“ und bringt damit aktuellste Theologie ins Spiel: Gott allein ist es, der den Menschen durch seine Gnade vom ewigen Tod erlösen kann, und dieses „alleyne“ kommt auch in jeder der drei Strophen des Liedes vor. Der angrenzende Gedanke wird nicht ausgesprochen, ist aber gegenwärtig: Der Mensch seinerseits kann nichts dazutun, daß Gott ihn erlöst, nicht die von den Katholiken geforderten guten Werke können die Gnade herabrufen, sondern ausschließlich die Reue und das Vertrauen in die Hilfe Gottes, der Glaube.

Die weiteren Strophen, die nun ganz Luthers Eigentum sind, machen die theologische Weite des Begriffes „tod“ vollends deutlich. Das Lied steigt hinab in die Unterwelt; es ist der Höllenrachen, der den Menschen *mitten ynn dem tod* bedroht. Luthers Zeitgenossen verstanden das ganz konkret: Zahlreiche Bilder der Zeit stellen die Hölle als das weit aufgesperrte Maul eines Ungeheuers dar, in dem das höllische Feuer, der *Hellen glut*, brennt. Wieder kann es nur Gottes „barmhertzigkeit“ sein, die von der Hölle erlöst, die *frey vnd ledig* macht, und sie wird durch die reuevolle Klage erlangt.

Der Weg vom Leben über den Tod zum offenen Höllenrachen setzt sich in der Schlußstrophe fort *mitten ynn der Hellen angst*, und nun wird der Kreuzestod Christi als die ausschlaggebende Erlösungstat, als Heilmittel für alle Menschensünde sichtbar. Am Ende fällt das entscheidende Wort: Was dem Menschen nottut, ist das Festhalten am Trost des „rechten glaubens". Wir überanstrengen Luthers Lied nicht, wenn wir das in zweifachem Sinn verstehen: Der „rechte glaube" ist einmal jener Glaube, der sich bewußt ist, daß es nur auf ihn ankommt, ob der Mensch erlöst wird, andererseits aber eben auch eine Konfession im institutionellen Sinn, nämlich der Glaube der Reformation.

Man täte indessen dem Lied Unrecht, wollte man es als verkappte Konfessionspolemik lesen. Das ist es nicht und will es nicht sein, nicht von ungefähr steht die erste Strophe Luthers auch in katholischen Gesangbüchern. Weit eher ist es eine eindringliche Bitte, die sich in dreifacher Wiederholung und Abwandlung steigert: eine Bitte um Erbarmen angesichts des unausweichlichen physischen Todes, ein zugleich angstgeschütteltes und hoffnungsvolles Bekennen des gläubigen Vertrauens zu Gott, von dem sich der Bittende alles im Jenseits verspricht. Von Strophe zu Strophe hat dieses Vertrauen eine weitere Strecke zurückzulegen und sich höher hinaufzuschwingen, doch beweist es gerade dadurch seine Unerschütterlichkeit.

Martin Luther: „Die deutschen geistlichen Lieder". Herausgegeben von Gerhard Hahn. Max Niemeyer Verlag, Tübingen 1967. 87 S.

Hans-Herbert Räkel

Widerschein der Welt

Thomas Platters Leben

Vor fünfhundert Jahren soll in dem Walliser Bergdorf Grächen dem Anthoni Platter und seiner Ehefrau Amilli, geb. Summermatterin, in ärmlichen Verhältnissen ihr letztes Kind Thomas geboren worden sein. Man weiß es, weil dieser Thomas Platter im Jahre 1572 als Schulrektor in Basel auf Wunsch seines berühmten Sohnes, des Medizinprofessors Felix Platter, und anderer berühmter Leute, die einst seine Schüler gewesen waren, sein Leben aufgeschrieben hat. Das Jahr seiner Geburt kennt er nur vom Hörensagen, und Alfred Hartmann, der die eigenhändige Niederschrift des Werks 1944 mit einem Vorwort von Walter Muschg herausgegeben hat, mokierte sich über die „Infantilität" des Autors, dessen Geburt er gegen 1507 ansetzt. „Anläßlich von Thomas Platters 500. Geburtstag" erscheint Hartmanns Ausgabe neu, ohne das Vorwort von Muschg, aber mit einer Übersicht zum Leben Platters von Ueli Dill und einer Rezeptions- und Forschungsgeschichte von Holger Jacob-Friesen. Ueli Dill macht sich die Zweifel seines Vorgängers am Geburtsdatum des Helden zu eigen und läßt Thomas Platter um 1503/04 das Licht der Welt erblicken.

Thomas Platter setzte sich, kurz vor dem Ableben seiner Frau, am 28. Januar 1572 hin, um sein Leben aufzuschreiben. Am Ende angekommen, ergreift ihn das Bedürfnis, die Ereignisse zu einem Sinn zu bündeln, und er wird feierlich: Er wolle zeigen, daß Gott ihn durch seinen Engel behütet hat, bis er in Basel vier Häuser sein eigen nennen, ein hohes und ehrenvolles Amt bekleiden, bedeutend gewordene Leute ausbilden und den Ehrenwein mehrerer berühmter Städte in Empfang nehmen konnte. Den Sohn Felix ermahnt er, seinen eigenen Wohlstand und seinen eigenen Erfolg als eine Art von Fortsetzung des väterlichen Lebenslaufs allein Gott zuzuschreiben. Die fromme Verkündigung der Güte Gottes und die Lebenslehre an den Sohn rechtfertigen es vordergründig, dieses Leben als „Vita" aufzuschreiben.

Auf Thomas Platter liege „der Widerschein der welthistorischen Vorgänge, die um das Jahr 1500 die abendländische Welt veränderten", schrieb Walter Muschg. Diese Funktion hat er sich gern selber zugeschrieben. Er notiert seine Begegnungen mit bedeutenden Leuten wie Erasmus von Rotterdam. Er legt Wert auf die Dienste, die er Zwingli erwiesen hat, und schreibt sich das Verdienst zu, die Anstellung seines Lehrers Myconius in Basel organisiert zu haben. Trotzdem wird man den Eindruck nicht los, daß hier jemand den Sinn der Erzählung, also die Lehre an den Sohn, den Beweis der göttlichen Güte, sein bescheidenes, aber gelungenes Eingreifen in die großen Bewegungen der Zeit, als eine Art von Vorwand benutzt. Die Ereignisse lenken das Interesse zurück auf den Autor. Die humanistischen Vorgänger und Zeitgenossen Platters machten sich interessant, indem sie ihre Erlebnisse und Gedanken in lateinische Verse faßten und diese mit lateinischen Widmungsgedichten hochgestellten Personen oder berühmten Humanisten zueigneten. Thomas Platter hat seine Lebensbeschreibung nicht in Verse gefaßt und nicht auf Latein geschrieben, das ihm doch als gelehrte Umgangssprache näher lag denn das Deutsche. Es gibt bei ihm ein neues und naives Vertrauen auf die Materie, eine Überzeugung, daß das Leben unliterarisch sei – und daß es sich lohne, genau dies zu dokumentieren. Natürlich gewinnt er eine solche Überzeugung aus der Erfahrung, daß er ein Erwählter des Herrn ist: Hat er nicht die tausend Gefahren des Ziegenhirtenlebens überlebt? Bekommt er nicht

Thomas Platter (1499 bis 1582)

die Pest, ohne daran zu sterben? Aber weder ist er stolz auf seine literarische Leistung, noch glaubt er, „Aufschreibenswertes“ vollbracht zu haben. Er denkt weder an eine größere Leserschaft noch an eine gedruckte Veröffentlichung. Seine Erlebnisse bleiben Realien, die er aus dem Strom der Zeit geborgen hat. Das macht sie als Quelle zur Alltagsgeschichte interessant, es gibt ihnen auch einen literarischen Status, der erst im Rückblick seine besondere und in die Zukunft weisende Qualität sehen läßt. An einigen Stationen dieses berichteten Lebens läßt sich das gut ablesen, vor allem in der Kindheit: „Da kam mein ältester Bruder aus einem Savoyer Krieg, brachte ein hölzernes Rößlein, das zog ich an einem Faden vor der Tür. Da meinte ich gänzlich, das Rößlein könnte gehen, woraus ich verstehe, daß die Kinder oft meinen, ihre Puppen und was sie sonst haben, seien lebendig.“ Diese kleine Beobachtung zur Kinderpsychologie des Spiels wird erzählt, weil der Erzähler sie und damit sich selbst bemerkenswert findet, aber nicht als Erwählten Gottes und nicht als Helden einer besonderen Tat, sondern als Objekt einer Untersuchung, deren Repräsentativität er erkennt und die wir heute wissenschaftlich nennen müßten. Sogleich folgt eine andere repräsentative Erinnerung an eine drohende Kinderneurose: „Mein Bruder schritt auch mit einem Fuß über mich und sprach: ‚Oho, Tomilin, nun wirst nit mehr wachsen‘; das bekümmerte mich.“

Daß der kleine Kerl über eine Felsplatte ins Leere stürzt, daß er aus einer Felswand nur durch die Hilfe eines größeren Kameraden befreit wird, daß er eine Nacht unter einer Baumwurzel ahnungslos am Rand eines Abgrunds schläft, daß ihm kurz vor dem Erfrieren im Schlaf ein Mann erscheint, der ihm befiehlt, weiterzugehen – das alles läßt sich mit dem Hinweis auf Gottes gnädiges Eingreifen rechtfertigen. Die unglaubliche Armut und Not aber, die Ausbeutung der „armen hirtlin“ durch die Bauern, läßt sich nicht so leicht in dieses Schema pressen. Der Autor versucht es auch nicht. Beiläufig erwähnt er, wie er oft großen Durst gelitten hat, „das ich manch mall mier selbs in d'Hand brintzlet han und das für den Durst getrunken." Später ist er als Bettelschüler oder besser Bettelsklave mit einem Vetter und einer Bande von „Bachanten", Bettelstudenten, in Deutschland unterwegs, um zu studieren: „Ich habe wohl Hunger gehabt, daß ich den Hunden die Knochen auf der Gasse hab abgejagt, die genagt, und Brotkrümel in der Schule aus den Ritzen gesucht und gegessen." Nach dieser Sklavenzeit gelingt es ihm, in Zürich zu „studieren". Durch eine Predigt Zwinglis läßt er sich zur neuen Lehre bekehren, wird Custos seines Lehrers Myconius. Ihm war prophezeit worden, er würde ein Priester werden. Wie der zwölfjährige Jesus im Tempel schleicht er sich auch heimlich zum Bischof in die Kirche und läßt sich firmen – freilich um das Geldstück zu bekommen, das man den Firmlingen schenkte. Erzählt er das, um die Voraussagen zu täuschen und das autobiographische Schema zu desavouieren, das ihm die Tradition bereitstellte? Er geht nicht den prophezeiten, sondern seinen eigenen Weg, disputiert mit katholischen Priestern und bekehrt seinen Onkel zur „Lutherei". Wie er es geschafft hat, neben seiner Arbeit als Seiler ein anerkannter Lehrer der lateinischen, griechischen und hebräischen Sprache zu werden, läßt sich kaum nachvollziehen. Nachdem er sich als Drucker betätigt hatte, wird er Schulmeister der Münsterschule „auf Burg" und blickt mit Stolz darauf zurück, daß er dem einzigen von der Pest verschonten von vier Kindern seiner ersten Ehe, dem Sohn Felix, jene medizinische Ausbildung in Montpellier zukommen lassen konnte, die auch ihn bei der Nachwelt berühmt machen wird.

Die Welt ist ihm eine unendliche Anekdotensammlung, und schon das Leben eines einzelnen ist in dieser Hinsicht unendlich. Den Hergang seines ganzen Lebens hat er zwar beschrieben, „doch nit alles – denn wer wolte das tun können?“ – Und wer könnte das tun wollen? Auch Thomas Platter hat sich konstruiert und seine Erinnerungen zensiert, vielleicht nur weniger geschickt als spätere Selbstbiographen. Berühmt wurde seine Lebensbeschreibung ohne seinen Willen, weil eine spätere Zeit, das vorige und unser Jahrhundert, die materielle Welt und die historische, soziale und psychische Wirklichkeit als einen Wert an sich zu betrachten gelernt hat und gerade das zu schätzen versteht, was in einem Heiligen- oder Kaiserleben und selbst in einer Humanisten-Vita rein gar nichts bedeuten würde. Ohne Zweifel ist der Stoff seiner Erinnerungen eine kostbare historische Quelle. Bedeutender erscheint aber sein damit beinahe unwissentlich geleisteter Beitrag zur Literaturgeschichte, zu den tastenden Versuchen in einer zukunftsreichen literarischen Gattung, der Autobiographie.

Thomas Platter: „Lebensbeschreibung“. Hrsg. von Alfred Hartmann. Zweite Auflage von Ueli Dill, mit einem Nachwort von Holger Jacob-Friesen. Schwabe & Co. AG, Basel 1999. 218 S.

Emmanuel Le Roy Ladurie: „Eine Welt im Umbruch. Der Aufstieg der Familie Platter im Zeitalter der Renaissance und Reformation“. Aus dem Französischen übersetzt von Wolfram Bayer und Jessica Beer. Klett Cotta Verlag, Stuttgart 1998. 542 S.

Gustav Falke

Philosophie des Esels und Nachtfalter des Geistes

Giordano Brunos Weg vom Scheiterhaufen in die Postmoderne

Mit dem Spinozabüchlein begann auch die Bruno-Renaissance. Jacobi, der große Auf-den-Punkt-Bringer, hatte dort einen Auszug aus der Schrift „Von der Ursache, dem Prinzip und dem Einen" beigelegt, der den anarchischen Gesprächsstil Brunos auf eine knappe und im Rahmen der Möglichkeiten klare Argumentation brachte. In der Zusammenstellung des Bruno mit dem Spinoza wollte er „gleichsam die Summa der Philosophie des Hen kai Pan darlegen", und genau so hat er gewirkt. Der Gedanke der Weltseele, das Problem des Hervorgehens des Vielen aus dem Einen, die Verschränkung innerer und äußerer Ursachen, das Prinzip der coincidentia oppositorum, die Doppelbewegung von entwickelndem Herniedersteigen und erkennendem Aufsteigen, kurz: das ganze Themenfeld des Neuplatonismus hat von hier aus die Goethezeit und insbesondere Schelling und die Schellingianer geprägt. Neuplatonismus, das heißt in der Goethezeit erst einmal Jacobis Brunoauszug.

Niemals ganz fremd geworden sei ihm dieser außergewöhnliche Mann, gesteht Goethe 1812. Aber Schlosser will er dann doch nicht zu einer näheren Beschäftigung ermuntert und angeregt haben. Es finde sich zwar nicht leicht ein lebhafterer Apostel der Originalität, und für das Naturstudium habe Bruno einen neuen Anfang gemacht. „Allein ich müßte mich sehr irren, oder wir sind seit jener Zeit weiter", zumal alles durch eine mystische Mathematik äußerst verfinstert sei. Die neuplatonisierten Frühromantiker drängten gerade in die Messe, und die von Goethe mitinitiierten Bemühungen um den Gott, dem es ziemt, die Welt im Innern zu bewegen, Natur in sich, sich in Natur zu heben, waren in militanten Obskurantismus umgeschlagen. Da war es doch besser, seine Einheitsspekulationen für sich zu behalten und den Weg ins Unendliche durch das Ausschreiten des Endlichen zu empfehlen.

Originalität ist auch der Punkt, auf den Hegel in seinen philosophiegeschichtlichen Vorlesungen die Sache bringt. Den Neuplatonismus schöpfte er lieber aus den Quellen. Interessant waren Bruno, Cardano, Vannini durch ihre Lebensläufe und ihren Gestus, interessant waren sie als stilistische Phänomene, als Repräsentanten einer intellektuell-ästhetischen Subkultur. Es gibt bei Hegel den Typus der Übergangs- und Gärungszeit, den er „Rameaus Neffen" abgelesen hatte, das kaiserzeitliche Rom, das vorrevolutionäre Frankreich, die Frühromantik und eben auch die Renaissance.

Aus den tradierten Bindungen herausgetreten, schwankt das freie, aber einsame Individuum zwischen Weltflucht und Sinneslust, Aufopferung und Selbstbezug, Identifikation und Zynismus. Kohlberg hat später ähnlich bei den Stufen der Moralentwicklung eine temporäre Regression vor der Stabilisierung der Postkonventionalität festgestellt. „In solchen Zeiten", so Hegel, „finden sich eine Menge Individuen, groß durch die Energie ihres Geistes, ihres Charakters zugleich, deren Schicksale, wie ihre Schriften, nur diese Unsicherheit ihres Wesens und die Empörung des Innern gegen das vorhandene Dasein und die Sucht, heraus zur Festigkeit zu gebären, bezeichnen und in denen ein heißer Trieb zum Tiefsten durch unendliche Phantastereien und Wildheit der Einbildung verunreinigt ist." Auch in Brunos Einheitsbewußtsein sei wohl etwas Bacchantisches, das dann aber, unfähig zum systematischen Gebären, in mystische Schwärmerei umschlage. Die Brunobegeisterung der Frühromantiker erscheint so als eine Wahlverwandtschaft und wird damit historisiert. In der Reihenbildung versichert sich Hegel, daß aus der frühromantischen Gärung doch noch ein guter Wein geworden ist, sein eigener.

Die deutsche Philosophie, deutlich schellingianisch dominiert, ist einstweilen zu Bruno als Neuplatoniker zurückgekehrt. In Italien ist das anders. Nuccio Ordine, Mitherausgeber der neuen kritischen Edition, hat in einer jetzt übersetzten Jugendarbeit das Bild des Esels, Beispiel eines Koinzidierens opponierender Eigenschaften, zum Leitfaden für eine durchaus unterhaltsame und zitatenreiche Werkeinführung genommen. Der Antiaristotelismus wird hervorgehoben, das Lob der Arbeit, die Aufforderungen zum Mut zur Erkenntnis und vor allem der Gedanke der varietas, des ständigen Wandels der Formen in einem pluralen Universum, der – schon von Bruno, jedenfalls aber von Ordine, philosophisch etwas unterkomplex bestimmten – „Komplexität einer sich ständig verändernden Wirklichkeit“.

Bruno als Postmoderner. Schon hier resümiert Ordine allerdings auch eine Stilanalyse, die dann Gegenstand seiner, leider unübersetzten, Dissertation wurde. Die Vermischung der Gattungen, unterschiedliche Sprachebenen, ein protuberierendes Metaphernspiel, eine dissoziative Syntax – lange Reihen von Additionen, Gegenüberstellungen, Einschüben, die sich vom Satzkern lösen und autonome Bereiche bilden –, nebeneinanderherlaufende Argumentationsschichten, abgebrochene Argumentationsstränge, in den Dialogen eine antiklassische (Bembo, Castiglione) Auflösung der Entsprechung von Argumentationszeit und Gesprächsdauer, ein antiklassisches Verweigern vorgängiger oder resultierender Konsense – in all dem gelingt es Bruno, einen Gestus Sprache werden zu lassen, den wir frühestens mit Jean Paul oder der frühromantischen Literaturtheorie, jedenfalls nicht mit der ausgehenden Renaissance verbinden.

Und dann gibt es den Bruno vom Campo dei Fiori, dieses römischen Kollwitzplatzes – ach, das Gequieke der winterlich heimatlosen Liebenden im Cinema Farnese, die langen Gänge des Albergo del Sole. Daß er sich hat verbrennen lassen, war seine selbstwerbungswirksamste, aber gewiß nicht seine beste Stilfigur. Schon bei Goethe wirken die einschlägigen Scherze etwas schal. „Natur und Geist – so spricht man nicht zu Christen. Deshalb verbrennt man Atheisten." Anacleto Verrechia hat noch einmal ein dickes Buch daraus gemacht. „Dies ist ein Buch der Leidenschaft. Es ist kein weiteres Buch über die Bücher von Giordano Bruno, wie es schon allzu viele gibt: weniger akademisch als voll menschlicher Anteilnahme an seinem tragischen Schicksal."

Wer trotzdem weiter liest, findet eine im Faktischen korrekte Lebensdarstellung, versetzt mit Pathos („Wo sonst als in der Nähe eines Vulkans konnte ein so feuriger und stürmischer Mann geboren werden?"), Lebensweisheiten („Vertrau dich dem Strom des Lebens an, und er wird dich irgendwohin tragen"), markigen Sprüchen („Unsere Epoche von Parasiten und Taugenichtsen"), Dingen, die der Autor immer schon mal sagen wollte („Die koketten Autoren unserer Epoche, darunter Thomas Mann und Wittgenstein, die sogar ihre Masturbationen beschreiben, als ob diese für die Nachwelt von unverzichtbarer Bedeutung wären"), und vor allem permanentes Geschimpfe auf Wissenschaft („Um festzustellen, ob eines seiner Werke einen Monat früher oder einen Monat später erschien, füllen die Gelehrten mehr Buchseiten, als der Philosoph zur Darlegung der Unendlichkeit des Universums geschrieben hat") und Kirche („Noch heute riechen gewisse orthodoxe Gottgeweihte nicht unbedingt nach Zimt und Majoran"), voll ästhetischen Vergnügens an Folterkellern und Scheiterhaufen („So weh es auch tut, müssen wir nun doch versuchen, den letzten Schritt des Kreuzwegs Brunos so genau wie möglich zu rekonstruieren") und identifikatorischen Selbstmitleides („Was nützen Meteore, wenn die Menschen blind sind?").

Nicco Ordine: „Giordano Bruno und die Philosophie des Esels". Aus dem Italienischen von Christine Ott. Wilhelm Fink Verlag, München 1999. 266 S.

Anacleto Verrechia: „Giordano Bruno". Nachtfalter des Geistes. Böhlau Verlag, Wien 1999. 424 S.

Helwig Schmidt-Glintzer

Mönch, Affe, Schwein

Die Reise in den Westen

Zu den beliebtesten Romanen Chinas zählt der phantastisch-komische Roman „Die Reise in den Westen“ (Xivou ji) des Wu Cheng'en (um 1500 bis um 1582) in hundert Kapiteln, der von den einundachtzig Bewährungen des Mönches Xuanzang alias Tripitaka und des ihn begleitenden Affenkönigs Sun Wukong berichtet, jenen beiden Hauptfiguren einer Pilgergruppe, der noch das Schwein Zhu Wuneng, der Pferdeführer Sha Wujing und das weiße Pferd angehörten. Die Moral des Romans läßt sich in dem Satz zusammenfassen: „Man muß genau zwischen Recht und Unrecht, Wahrheit und Lüge unterscheiden, man darf für Gespenster kein Mitleid haben, sondern muß sie entschieden vernichten.“

In dem Werk wird die historische und durch ausführliche Reiseberichte belegte Indien-Fahrt des Tang-Mönches Xuanzang, der im siebten Jahrhundert nach Indien pilgerte, ausgeschmückt. Xuanzang wollte von dort weitere buddhistische Werke nach China holen, reiste aber auch in geheimdienstlicher Mission, um dem Kaiserhof Auskünfte über die Wege nach Indien zu liefern. Den Rahmen für die Romanhandlung bilden Vorgänge im Himmel, wo nach der Unterwerfung des Affenkönigs Sun Wukong durch Buddha die Entscheidung fällt, einen Pilger zu finden, der den buddhistischen Kanon nach China bringt. Xuanzang erhält den Auftrag und erlebt auf dieser Reise Abenteuer, die Prüfungen sind, bei denen der Affenkönig und die segensreiche Fürsorge von Gottheiten rettend eingreifen. Diese

Aventuren bilden den Hauptteil des Romans. In den letzten drei Kapiteln kommt es zur Auflösung. Xuanzang, der wegen Mißachtung der Lehre in China geboren worden war, wird erlöst.

Die vierzehnjährige Reise führt durch den Wechsel von Jahreszeiten, auf oft gefährlichen Pfaden durch faszinierende Landschaften. Einmal greift ein Drache an, verschlingt Pferd und Gepäck, so daß Xuanzang verzweifelt. Sein Schüler, der Affenkönig, voller Selbstbewußtsein und in Kenntnis seiner außergewöhnlichen Fähigkeiten, aber auch leicht gereizt, nennt ihn einen Schwächling. Hier greifen die Götter ein und schlichten den Hader, indem sie die Gruppe ihres Schutzes versichern. Der Affenkönig verteilt die Rollen und spielt den „superman“, fordert den Drachen heraus, und ein Kampf beginnt. Der Drache zieht sich zurück, Gottheiten kommen, um dem Drachen das Pferd abzufordern. Durch solche Widrigkeiten wird die Reise verzögert und gerät der Weltenlauf in Unordnung. Ordnung muß hergestellt werden, wodurch der Leser oder Zuhörer einiges über Ereignisse und Schicksale erfährt.

Die Sonderstellung dieses Werkes unter den fiktionalen Reisebeschreibungen des spätkaiserzeitlichen China begründet vor allem dessen literarischer Rang, nicht zuletzt die eingestreuten meisterhaften Gedichte und Lieder. Die Popularität aber hängt eng mit dem Thema des Werkes zusammen und mit seinem Inhalt. Vielfältige volkstümliche Bearbeitungen des Stoffes, insbesondere für die verschiedensten Theaterformen, darunter Singspiel, Schattentheater und Puppenbühne, knüpfen an den Roman an, und unter den Literaten Chinas hat nahezu jede Generation das Werk neu gelesen und neu gedeutet, wobei es zumeist als Moralsatire verstanden wurde.

Erstaunlich ist, daß die Behandlung des Übernatürlichen und die religiösen Aspekte des Romans in neuerer Zeit

Der Affenkönig

niemals kommentiert wurden. Dies kann als Reaktion auf die seit dem Erscheinen des Romans vorherrschende Deutungstradition verstanden werden, wonach der Roman als Allegorie zu lesen sei. So wurde der Beiname Xuanzangs „Tripitaka“, die „Drei Körbe“ der buddhistischen Textüberlieferung bezeichnend, als Ausdruck der „drei konstitutiven Elemente des menschlichen Selbst gedeutet: Geist, Stimme und Lebensenergie“. Andere, wie der große Kulturpolitiker des zwanzigsten Jahrhunderts Hu Shi, haben den satirischen Charakter des Werkes unterstrichen und es als „tiefgründigen Unsinn“ bezeichnet. Ähnlich haben andere, darunter japanische Literaturwissenschaftler, den Roman als Ausdruck der „Befreiung aus dem mittelalterlichen Denken und Schritt in den Geist der Moderne“ verstanden.

Lange vor dem Erscheinen der Romanfassung des Wu Cheng'en in hundert Kapiteln handelte es sich in den Volksbüchern des dreizehnten und vierzehnten Jahrhunderts zur gleichen Thematik nicht mehr um buddhistische Erzählungen, sondern um eine Amalgamierung daoistischer und neukonfuzianischer Moralvorstellungen mit dem ursprünglich buddhistischen Stoff der Pilgerreise.

Der Roman bekräftigt in seiner Umkehr sinozentrischer Klischees noch einmal den Sinozentrismus. Zufällig und doch sinnfällig ist das Erscheinungsjahr 1582 auch das Geburtsjahr des Kölner Jesuiten Adam Schall von Bell (1582 bis 1666), der während des Dreißigjährigen Krieges als Missionar und dann als einer der höchsten Beamten am Kaiserhof in Peking tätig wurde, weil er dort die Überlegenheit der westlichen Astronomie gegenüber der chinesischen Stern- und Kalenderkunde bewies.

Die zweite Hälfte des sechzehnten Jahrhunderts war in China eine Zeit großer politischer, wirtschaftlicher, sozialer und geistiger Unsicherheit. Grund hierfür war eine rasante Kommerzialisierung, die Auflösung traditionaler Statusgruppen und Sozialbeziehungen und neue Debatten über die neukonfuzianischen Morallehren. Zu Recht sind für diese Zeit „Sprossen des Kapitalismus“ konstatiert worden. Seit etwa 1550 beschleunigte sich das Bevölkerungswachstum, kamen große Mengen mexikanischen Silbers nach China und stürzten das Währungs- und Finanzsystem in eine Krise, die in der Mitte des siebzehnten Jahrhunderts zum Ende der nationalen Ming-Dynastie führte.

Das sechzehnte Jahrhundert war in China nach außen hin eine Zeit des Friedens und der Stabilität und gekennzeichnet durch die dauerhaften Herrschaftsperioden Hongzhi (1488 bis 1505), Zhengde (1506 bis 1521), Jiajing (1522 bis 1566) und Wanli (1573 bis 1619). Zugleich erlebte dieses Jahrhundert eine Vielzahl heftigster politischer Debatten und eine vielleicht nur in der Zeit des Übergangs von der Nördlichen zur Südlichen Song-Dynastie (zwölftes Jahrhundert) übertroffene Politisierung der Literatenbeamten –

eine Entwicklung, die eng mit dem wirtschaftlichen Aufschwung dieser Epoche zusammenhängt sowie mit dem Anwachsen der Bevölkerungszahl.

Neu war, daß die Romane jener Zeit die überlieferten Erzählstoffe in distanzierender und auch ironischer Weise verarbeiteten. Ihr Publikum war ein städtisches Lesepublikum, woraus sich die Bezeichnung „Roman" rechtfertigt, auch wenn sich die westlichen Gattungsbegriffe auf diese umfangreichen Werke umgangssprachlicher Erzählkunst nur schwer anwenden lassen. Gedruckte Literatur hatte weite Verbreitung gefunden und zu einem ausgedehnten Buchhandels- und Verlagswesen geführt. Umgangssprachliche Texte wurden in großer Zahl und in allen Bereichen gedruckt, darunter populäre Geschichtsdarstellungen und Balladentexte. Dieselben Verlage, die jene Volksbücher in zum Teil sehr aufwendiger Form, in manchen Fällen mit Illustrationen, auf den Markt brachten, druckten auch andere populäre Geschichtsdarstellungen. Die Vergegenwärtigung geschichtlicher Ereignisse stellt diese Werke in die Tradition der moralisierenden Literatur. In den Romanen finden die Verhältnisse während der Dynastie Ming ihren Niederschlag.

Von überragender Bedeutung für die Ausbildung der Romane waren die Veränderungen im Bildungs- und Erziehungswesen, eine wahre Bildungsexpansion und die Einrichtung privater Akademien, die bald zu den wichtigsten Pflanzstätten für den Nachwuchs der staatlichen Bürokratie wurden. Einfluß gewann auch die neue Philosophie des unter dem Namen Wang Yangming bekannteren Wang Shouren (1472 bis 1529), die an die philosophischen Anschauungen über den menschlichen Geist, wie sie bereits Jahrhunderte vorher Lu Xiangshan (1139 bis 1193) vertreten hatte, anknüpfte, viele chan-buddhistische Elemente in sich aufnahm und sich im Reich verbreitete.

Wu Cheng'en: „Monkeys Pilgerfahrt". Eine chinesische Legende. Mit Zeichnungen von Georgette Boner. Aus dem Englischen übersetzt von Georgette Boner und Nadia Jollos. Werner Classen Verlag, Zürich 1997. 464 S.

Jochen Hieber

Festung in der Zeit

Das Schloß Arundel und die Herzöge von Norfolk

Miles Francis Stapleton Fitzalan-Howard, rüstig und sehr präsent im fünfundachtzigsten Jahr seines Lebens, ist ein zuvorkommender und unprätentiöser Herr. Bei Kaffee und Keksen, die in seinem Büro serviert werden, erzählt er über seine Jahre in Deutschland. Während des Zweiten Weltkriegs als Offizier unter anderem in Frankreich, Nordafrika und Italien stationiert, war er von 1957 bis 1959 Chef der britischen Militärkommission bei der Roten Armee, später, von 1963 bis 1965, auch Generalkommandeur der ersten Division der Rheinarmee. Ja, mit den Russen damals in Berlin vor dem Bau der Mauer all die diplomatischen Versteckspiele, die gelegentlichen Verfolgungsjagden auf ostdeutschen Straßen, die gewagten Manöver in politischer Mission: erlebte, teilweise von ihm selbst provozierte Szenen auf der Bühne des Kalten Krieges. Aus ernsten Abenteuern von einst sind mittlerweile gute Anekdoten geworden.

Der entspannte Erzähler ist, gleich nach der königlichen Familie, der erste Repräsentant des britischen Hochadels. Um die neunhundert Mitglieder gehören dem exklusiven Zirkel an, fünf Ränge in aufsteigender Linie sorgen für innere Ordnung: Auf die Barone folgen die Vicomtes, auf die Vicomtes die Grafen, auf die Grafen die Marquis, auf die Marquis schlußendlich die Herzöge. Miles Francis Stapleton Fitzalan-Howard hat von manchem etwas. Er ist vielfacher Baron: von Beaumont, Maltravers, Glossop, von Clun und Oswaldestre; dreifacher Graf: von Norfolk, Surrey und Arundel. Vor und über allem aber ist er Herzog von Norfolk, der siebzehnte seit 1483, als Richard III. die Würde erstmals einem Howard verlieh.

Die Zahl der Herzogtümer auf der Insel war über die Jahrhunderte hinweg so schwankend wie die Laune, das Kalkül oder der Charakter des jeweiligen Herrschers – was der eine gab, nahm der andere wieder, verteilte der dritte neu oder erneut. Seit 1899 – parallel zum tendenziellen Abstieg des Adels im Vereinigten Königreich – aber ist sie konstant bei 26 geblieben: gleichsam außer Konkurrenz kommen vier Herzogtümer hinzu, die Angehörigen der Königsfamilie vorbehalten sind. Die Konkurrenz der Nichtköniglichen haben die Norfolks bereits vor 322 Jahren für sich entschieden. Damals erhielt Henry Howard, der sechste Herzog, das vornehmste Hofamt und den damit verbundenen Titel „Earl Marshal of England“, Großzeremonienmeister des Reichs, nicht nur für sich selbst, sondern auch für seine Nachfolger.

„Verglichen mit den Howards“, sagt der siebzehnte Herzog beim Gang über den inneren Schloßhof nicht ohne Süffisanz, „sind die Windsors ja nur neureich.“ Das ist keineswegs bloß materiell gemeint und birgt überdies eine kleine antideutsche Spitze: Erst 1917, im Ersten Weltkrieg, hatte Georg V. für sich und seine Familie den Namen „Sachsen-Coburg und Gotha“ abgelegt und den Namen „Windsor“ angenommen, 1952, bei ihrer Krönung, bekräftigte Elisabeth II. diese Entscheidung. Auch zu kleinen antieuropäischen Spitzen ist der Herzog bisweilen geneigt. Es ist kurz nach elf am Vormittag, die ersten Besucher – an die 200 000 sind es pro Jahr – wandeln durchs Schloß, mit einem amerikanischen Akademikerpaar entspinnt sich eine kurze Plauderei. „Es ist immer noch so“, sieht sich der Herzog bestätigt, „zuerst kommen die Amerikaner nach England, danach gehen sie nach Europa.“ Dann rasch und mit lakonischem Stolz ein Nachtrag zum Thema Windsor:

Eindrucksvoll imaginierte und neugotisch erbaute Herrscherarchitektur des Mittelalters: Blick vom Hauptturm auf den inneren Schloßhof

Wie Windsor Castle besitze auch Arundel nicht nur einen, sondern zwei rechtwinklige Schloßhöfe.

Traditionen und Lebensstile

Arundel Castle ist zwar nur eines von des Herzogs Schlössern und noch nicht einmal sein Favorit, immerhin aber der Hauptsitz der Norfolks. Etwa zwanzig Meilen westlich von Brighton gelegen, mitten im weitgehend waldlosen, wie onduliert wirkenden Hügelstreifen von Sussex, Englands Südküste immer in Sicht. Sie zu überwachen lieferte den Grund für den Bau. 1067, im Jahr nach der normannischen Eroberung, errichtete Wilhelms Gefolgsmann Roger de Montgomery hier einen von mehreren Befestigungshügeln entlang der Küste, bald war auch der Hauptturm hochgezogen, immer noch das Wahrzeichen des Schlosses. Begonnen hatte damit eine lokal ebenso singuläre wie national und strukturell überaus typische Geschichte: Bis heute liefert sie Stoff in Sachen Kontinuität und Wandel, erzählt den Aufstieg und das Verschwinden von Familien, schildert Gewinn und Verlust, Bestehen und Überdauern.

Neben der katholischen Kirche dürfte Britanniens Adel die einzige Institution des alten Europa sein, die das zu Ende gehende Jahrtausend zwar nicht unbeschadet, aber doch in nach wie vor erkennbarer Identität überstanden hat. Trotz permanenter Konflikte um das Verhältnis zwischen der Zentralgewalt der Krone und den Eigeninteressen der Feudalherren, trotz des Hundertjährigen Krieges mit Frankreich, trotz der Rosenkriege zwischen Lancaster und York, trotz des Abfalls von Rom unter Heinrich VIII., trotz des Bürgerkriegs von 1642 zwischen den Kavalieren und den Anhängern des Parlaments, trotz Cromwells Diktatur, trotz irischer Dauerquerelen, industrieller Revolution, Arbeiterbewegung und weitgehender Entmachtung des Oberhauses, trotz der beiden Weltkriege und des Verlustes der Weltmacht, schließlich gar der Erbschaftsteuer zum Trotz: Englands Historie bietet ein Wunder an Reformwillen und Reformfähigkeit, das auch, gerade auch für den Adel gilt. Dies hat Traditionen, Rituale und Lebensstile ohne jene Brüche zu bewahren ermöglicht, die in den kontinentalen Kulturen oft nur noch fahle Hüllen und leere Begriffe übrigließen: Drapierungen für gesellschaftliche Phänomene, die längst nicht mehr existieren, bestenfalls als Folklore taugen.

Das kleine Arundel und sein erst im neunzehnten Jahrhundert mit spätromantischem Enthusiasmus für ein verlorenes Mittelalter mächtig herausgeputztes Schloß spiegeln den allgemeinen Lauf in den Besonderheiten ihres Weltwinkels. Nach dem wehrhaften Beginn gleich ein intrigenträchtiger Abgang: Roger de Montgomerys Sohn stirbt ohne Nachkommen, sein Bruder lehnt sich gegen Heinrich I. auf, der Schloß und Ländereien kurzerhand wieder in Kronbesitz überführt. Es kommen, man ist im zwölften Jahrhundert, die d'Albinis und sorgen in den gut hundert Jahren, die sie haben, für eine der Legenden, ohne die ein Schloß nicht existieren kann: Mathilda, Heinrichs I. Tochter, sucht Zuflucht in seinen Mauern, um vom sicheren Hort ihre Ansprüche auf den Thron zu betreiben. Ihr Gegner Stephan I. belagert die Festung erfolgreich, Mathilda muß fliehen. Ihr angebliches Bett wurde den Besuchern bis vor einigen Jahrzehnten vorgeführt, noch heute gibt es einen nach ihr benannten Raum, in dem sie nie gewesen sein kann und doch immer sein wird.

Es kommen die Fitzalans, und mit ihnen kommt die Kontinuität: Von 1243 bis 1556 werden sie fast immer in Arundel sein. 1289 wird Richard Fitzalan zum ersten Grafen von Arundel erhoben, erstmals renoviert und erweitert man die ziemlich verfallenen Gebäude in größerem Stil. Kontinuität schließt Katastrophen nicht aus. Schon der zweite Graf verliert in königlichen Händeln den Kopf: 1326 wird er enthauptet. Nur vier Jahre müssen die Fitzalans weichen, erhalten dann Besitz und Titel zurück und stellen mit dem dritten Grafen Englands reichsten Mann im vierzehnten Jahrhundert. Er hat einen Onkel fabelhaft beerbt und sich im Geldverleih eine goldene Nase verdient. Sein Sohn spendet dafür der Kirche kräftig und begründet Arundels Almosenpflege. Ein späterer Graf wird zum Helden im Hundertjährigen Krieg, man erinnert ihn als „englischen Achill".

Das sechzehnte Jahrhundert wird entscheidend für Arundels weiteren Weg. Es bringt die Verbindung der Fitzalans, deren männliche Linie 1580 beim Tod des zwölften

Grafen erlischt, mit den aufstrebenden Howards – und es verwickelt einige Protagonisten beider Häuser ganz unmittelbar in Haupt- und Staatsaktionen, was meist übel ausgeht. Der elfte Fitzalan-Graf rät Heinrich VIII. zur Scheidung von Katharina von Aragon. Noch näher am Thron ist Thomas Howard, der dritte Herzog von Norfolk. Er führt dem König zwei seiner Nichten zu, erst Anne Boleyn, später Katherine Howard. John Martin Robinson, der sonst so nüchterne Historiograph des Schlosses Arundel und der Herzöge von Norfolk, nennt ihn „selbstsüchtig" und „gewissenlos", weil er die Ermordung beider Verwandten tatenlos hinnimmt, stempelt ihn gar zum „skrupellosesten" der Norfolks, weil er für die blutige Unterdrückung der katholischen „Gnadenpilgerschaft" in Englands Norden sorgt. 1547 wird er zum Tode verurteilt, denunziert von Jane Seymour, Anne Boleyns Nachfolgerin. Heinrichs Tod wenige Stunden vor der geplanten Hinrichtung rettet Thomas zwar das Leben, die sechs Jahre der Regentschaft Eduards VI. aber verbringt er gefangen im Tower. Thomas' Sohn, der Poet Graf Surrey, der die italienische Sonettform und den Blankvers ins Englische importiert, endet 1547 auf dem Schafott, hingerichtet nicht wegen seiner Dichtung, sondern wegen Hochverrats. Thomas' Enkel, der vierte Herzog von Norfolk, wird auf Befehl Elisabeths I. 1572 enthauptet, weil er Heiratspläne mit Maria Stuart schmiedete. Tatsächlich geheiratet hat er die Tochter des letzten Fitzalan – und als ersten gemeinsamen Sproß der beiden Häuser just jenen Philipp in die Welt entlassen, der sich alsbald der anglikanischen Staatsreligion widersetzt und als katholischer Märtyrer im Tower endet – 1970 hat ihn der Vatikan heiliggesprochen. Die Treue zu Rom büßten die Howards mit dem Verlust politischer Macht und, bis 1660, auch mit der Einbuße der Herzogwürde. Schloß Arundel, von der Familie kaum noch bewohnt, verfiel zwei Jahrhunderte lang, wurde Ruine. Der bedeutendste Howard jener Epoche, der „Sammlergraf" Thomas, Gönner von Rubens und van Dyck, wollte von der Liegenschaft in Sussex so wenig wie möglich wissen: Nicht zuletzt seine Bilder und kunsthandwerklichen Schätze, von anderen Landgütern und aus London erst lange nach seinem Tod ins inzwischen wiedererwachte Arundel transportiert, ziehen die Besucher an. Ein Sonderling, aber ein Glücksfall für das Schloß war im letzten Drittel des achtzehnten Jahrhunderts Charles Howard, der elfte Herzog. Er machte sich ohne Architekt selbst an Umbau und Neubau, hielt heftige Gelage ab und seinen Spitznamen „The Drunken Duke" in allen Ehren. Gern polemisierte er im Geist der „Magna Charta" gegen die Macht des Königs und schwor dem Katholizismus ab: aus der Hauskapelle wurde ein Speisesaal.

Ein Mythos, bewohnbar und nützlich

Der scharfsinnige Horace Walpole gehörte bisweilen zu den Gästen. Mit „Schloß Otranto", 1764 zunächst anonym erschienen, hatte er die gothic novel, den englischen Schauerroman, begründet und der klassizistisch polierten Londoner Salonwelt einen vorromantischen Grusel beschert: Blicke zurück in die Gotik des Mittelalters, Blicke hinein in unterirdische Gänge und dunkle Verliese, Blicke in die Nacht und die Einsamkeit der getriebenen Seele. In „Schloß Otranto" konnte man lesen, was der betrunkene Herzog im Schloß Arundel zu bauen sich mühte.

Aus dessen dunklem Traum, das ferne Mittelalter zu beschwören, machte Henry, der fünfzehnte Norfolk, genau hundert Jahre später eine neugotische Prachtkulisse, die sich mit der Technik des Industriezeitalters verbindet: Zentralheizung, Brandschutzanlage, elektrischer Strom. In seiner

Geschichte des Schlosses stellt John Robinson einen Kostenvergleich an, der Einblick bietet ins damalige Wertverhältnis zwischen Technik und Handwerk. Über 35 000 Pfund mußte der Herzog am Ende des vergangenen Jahrhunderts für die elektrischen Anlagen ausgeben, für den fabelhaft gemeißelten Kaminsims im großen Salon konnte einer der berühmtesten Steinmetzen und Bildhauer der Zeit ganze 150 Pfund berechnen: Unbezahlbar wäre heute der Kaminsims. Henry Howard und sein Architekt Charles Alban Buckler jedenfalls haben aus Arundel Castle ein veritables Museum entwickelt und einen steinernen Mythos erzeugt, der das Mittelalter nahe rückt, indem er es nicht mehr beschwört, sondern aufs neue erfindet – einen Mythos zugleich, der komfortabel bewohnbar und zu nutzen ist. Nicht umsonst legt man seither gesteigerten Wert darauf, daß originale Teile der frühen Bauphasen, Fenster, Torbögen, Teile der Außenmauer oder des Hauptturms, konserviert, restauriert und integriert wurden: Sie sollen einstehen für die ästhetische Wahrhaftigkeit des architektonisch Hinzugefügten.

„Die uralte Magie von Reichtum und Rang" sah der Romancier Anthony Trollope in Britanniens Herzögen verkörpert. Das ist über ein Jahrhundert her. Damals waren sie oft unermeßlich reich, sie sind ärmer geworden seither, arm sind nur wenige. Sie haben Hunderttausende Morgen Land verkauft, um finanziell zu überleben, sie haben politischen Einfluß eingebüßt. Gleichwohl steht ihr Ende nicht zu befürchten. Ihre prächtigen Herrenhäuser, Schlösser und Paläste zählen zu Großbritanniens besten Gaben an die westliche Zivilisation, gerade weil diese stately homes, so der Historiker Peter Mandler, Inbegriff und „Quintessenz des Englischseins" sind.

Schloß Arundel gehört dem siebzehnten Herzog von Norfolk nicht mehr. Er hat es, um der Erbbesteuerung zu entgehen, unbefristet gemietet für sich und seine Nachkommen –

Herr mit Hund: Der siebzehnte Herzog von Norfolk vor dem Hauptturm

und zwar von sich selbst. Denn er ist Vorsitzender eines unabhängigen gemeinnützigen Trusts ausschließlich für den Erhalt von Arundel. Dem National Trust, der nationalen, vom Staat allerdings unabhängigen Treuhand, wollte er nicht beitreten, zu gering schien ihm die Möglichkeit eigenen Mitwirkens und Mitbestimmens. Sein privates Modell hat inzwischen Schule gemacht, eine ganze Reihe anderer Adelsfamilien hat es übernommen. Miles Francis Stapleton Fitzalan-Howard ist stolz, als entschiedener, wenn nötig als militanter Katholik zu gelten, er sieht sich und seine Familie als Hort des Papsttums in der Diaspora und in einer wertverlorenen Welt. Vor allem in Yorkshire lebend, kommt er regelmäßig nach Arundel, um die Geschäfte des Trusts zu erledigen, er scheut sich nicht, gelegentlich den Zug zu nehmen. Sein Sohn Edward William, Graf von Arundel und einmal Erbe der Herzogwürde, hat sich auf Dauer im Ostflügel des Schlosses eingerichtet. Man lebt mit und von den täglichen Besuchern. Sie können nicht in jeden Raum. Zudem hat man die Aussicht vom Hauptturm jüngst ein wenig eingeschränkt. Der Blick auf den äußeren Schloßhof, der früher als Turnierplatz diente, mal Cricket Ground war und nun einem Gartenhaus und einem Tenniscourt Platz gemacht hat, ist von Brettern verstellt. Mehr als entschädigt wird man durch das Juwel des Hauses, die herrliche Bibliothek, die der Drunken Duke vor zweihundert Jahren baute. Diese Leistung des sonst sehr mißbilligten Vorfahren anerkennt auch der siebzehnte Herzog. Wer ihn korrekt anreden will, nennt ihn His Grace, Euer Gnaden. Die Bediensteten des Schlosses verneigen sich bei der Anrede leicht.

Die Autoren

PETER BLICKLE, geb. 1938, ist Professor für neuere Geschichte an der Universität Bern.

GUSTAV FALKE, ist Musikkritiker der Frankfurter Allgemeinen Zeitung.

DOMINIK GROSS, geb. 1964, ist Professor für Geschichte und Ethik der Medizin an der Universität Würzburg.

JOCHEN HIEBER, geb. 1951, ist Feuilletonredakteur der Frankfurter Allgemeinen Zeitung.

FELICITAS HOPPE, geb. 1960, lebt als freie Schriftstellerin in Berlin.

MICHAEL JEISMANN, Dr. phil., geb. 1958, ist Feuilletonredakteur der Frankfurter Allgemeinen Zeitung.

ALBRECHT KUNKEL, geb. 1938, war Wissenschaftsredakteur u.a. des „Spiegel" und lebt als freier Journalist in Heidelberg.

CHRISTIAN PFISTER, geb. 1944, ist Professor für Wirtschafts-, Sozial- und Umweltgeschichte an der Universität Bern.

HANS-HERBERT RÄKEL, geb. 1940, ist Professor für deutsche Sprache und Literatur an der Universität Montreal/Kanada.

HEINZ SCHILLING, geb. 1942, ist Professor für neuere Geschichte an der Humboldt-Universität in Berlin.

HELWIG SCHMIDT-GLINTZER, geb. 1948, ist Professor für Sinologie an der Universität Göttingen und Direktor der Herzog August Bibliothek Wolfenbüttel.

RICHARD C. TREXLER, geb. 1932, ist Professor für neuere Geschichte an der Universität von Binghampton/USA.

RUPRECHT WIMMER, geb. 1942, ist Professor für neuere deutsche Literaturwissenschaft an der Katholischen Universität Eichstätt.

Bildquellennachweis

Basel, Kunstmuseum, Öffentliche Kunstsammlung *S. 62*
Berlin, Bildarchiv Stiftung Preußischer Kulturbesitz S. *25, 46*
Frankfurt am Main, Barbara Klemm *S. 79, 85*
Lissabon, Arquivo National de Fotografia *S. 34*
Wien, Graphische Sammlung Albertina *S. 12*
Zürich, Werner Classen Verlag *S. 73* (Illustration aus dem besprochenen Band)

Buchanzeigen

Kultur und Geschichte der frühen Neuzeit
bei C. H. Beck

Horst Rabe
Deutsche Geschichte 1500–1600
Das Jahrhundert der Glaubensspaltung
1991. 728 Seiten. Leinen

Jörg Traeger
Renaissance und Religion
Die Kunst des Glaubens im Zeitalter Raphaels
1997. 552 Seiten mit 263 Abbildungen,
davon 17 in Farbe. Leinen

Martin Warnke
Geschichte der deutschen Kunst
Band 2: Spätmittelalter und Frühe Neuzeit
1400–1750
1999. 495 Seiten mit 403 Abbildungen,
davon 74 in Farbe. Leinen

Volker Reinhardt
Die Medici
Florenz im Zeitalter der Renaissance
1998. 123 Seiten mit 10 Abbildungen
und 2 Stammtafeln. Paperback
Beck'sche Reihe Band 2028
C. H. Beck Wissen

Peter Blickle
Der Bauernkrieg
Die Revolution des Gemeinen Mannes
1998. 144 Seiten mit 10 Abbildungen
und 1 Karte. Paperback
Beck'sche Reihe Band 2103
C. H. Beck Wissen